PARAÍSO
DESTROZADO

Memorias de una niña en guerra

ILEANA ARAGUTI

Nota Del Autor

Mis memorias infantiles buscan exaltar la belleza y el milagro de la vida, no las desventuras de la guerra ni la avaricia humana. Mi objetivo es recrear los eventos tal como sucedieron y como fueron relatados por familiares y amigos, corrigiendo en el proceso cualquier olvido mental o estímulo creativo que pueda surgir. Algunos personajes han sido renombrados, no para resguardar su inocencia o culpabilidad, sino para reflejar sus verdaderas intenciones.

"Buey que vi en mi niñez echando vaho un día
bajo el nicaragüense sol de encendidos oros,
en la hacienda fecunda, plena de la armonía
del trópico; paloma de los bosques sonoros
del viento, de las hachas, de pájaros y toros
salvajes, yo os saludo, pues sois la vida mía.

Pesado buey, tú evocas la dulce madrugada
que llamaba a la ordeña de la vaca lechera,
cuando era mi existencia toda blanca y rosada,
y tú, paloma arrulladora y montañera,
significas en mi primavera pasada
todo lo que hay en la divina Primavera".

Allá lejos, Rubén Darío

Dedicado a quienes impulsan
mi espíritu

Amanda, mi hermana mayor, tu vida fue corta, quizás una bendición. Socorro, mi segunda hermana mayor, ayudaste a los demás desinteresadamente y luchaste hasta el final con la mayor dignidad. Juan Carlos, el de corazón fuerte, te escapaste muchas veces, pero volviste sólo para morir de nuevo. Mis abuelos maternos, son el mejor recuerdo de mi infancia. Siempre he sabido que están mirando desde arriba. El resto de mi familia: Mamá, tomaste una decisión dolorosa y me diste el privilegio de la libertad y la sanación, TE ADMIRO y TE AMO. Papá, me enseñaste la fuerza interior. Francisca, Ramón y Francisco, la distancia sólo ha fortalecido nuestro vínculo, admiro su resistencia. Benjamín, el segundo más joven antes que yo, más que mi hermano, fuiste mi mejor amigo.

Esposo y mejor amigo, hija e hijo, son mi risa y mi máxima inspiración. A todos los que comparten la unidad que sólo el amor y el sufrimiento pueden aportar. Su fuerza interior los mantiene vivos y los guía a través de los laberintos de la vida, no se rindan nunca ante los peligros pasajeros de la vida. Por último, pero no por ello menos importante, a los nicaragüenses de espíritu fuerte, se merecen su propia Divina Primavera: Una tierra fértil y pacífica.

Contenido

Prólogo

Al son de Für Elise y el Ave María

Für Elise no es una simple bagatela. Sencilla pero profunda, si la escuchas el tiempo suficiente, casi puedes sentir que este se detiene momentáneamente. Si tuviera que describir mi infancia con una selección de música que contenga melodías de heroísmo y desesperación junto con una extraña sensación de felicidad y melancolía, Für Elise de Beethoven sería sin duda la elegida. La pieza universal para piano se convirtió en catalizador e inspiración en mi vida juvenil en medio de la poética guerra revolucionaria de Nicaragua, que comenzó en 1972. Für Elise sería una de las melodías, además del Ave María, que resonaban en el viejo tocadiscos de mamá y, a veces, en los altavoces de la iglesia del pueblo, para anunciar el despiadado toque de la hora.

En mis primeros y estimulantes años, aprendí a cabalgar al máximo bajo las caprichosas nubes y a través de la selva tropical, a decir una mentira piadosa y a chupar granos de café rojo madurados al sol, sin excitarme demasiado y sin tragarme las semillas, pues si me las tragaba, podría crecer un árbol dentro de mi cuerpo. Al menos, así era como mamá me infundía miedo, esperando que dejara de chupar aquellos deliciosos granos de café. Y a medida que cambiaban las estaciones, aprendí muchas cosas, aunque el hito que aceleró mi crecimiento fue la ruptura de mi paraíso, a través del lento paso del tiempo, donde cada tictac del minuto duraba sus verdaderos sesenta segundos.

Aunque apenas tiene el tamaño del estado de Nueva York, Nicaragua es el país más grande de Centroamérica, empequeñeciendo a sus vecinos Costa Rica y Honduras. La mayor selva tropical de Centroamérica se encuentra dentro de sus fronteras, hidratada por la humedad tropical y subtropical y diez meses de precipitaciones. Antes el más rico en riquezas y recursos naturales, Nicaragua es ahora el país más pobre de Centroamérica y quizás del hemisferio occidental. Nota: Sólo es el más pobre por la disminución de la riqueza y de los recursos naturales, nunca por la falta de espíritu humano.

Un nicaragüense puede ser rico o pobre, pero, más que nada, pobre: Mide la riqueza por los chistes que se cuentan a la hora de la siesta, por los cuentos que divierten a la hora de dormir, por los poemas que recita antes de ser ejecutado y, sobre todo, por la cantidad de sueños a los que se aferra, por débiles que lleguen a ser. Los nicaragüenses somos conocidos por seguir adelante hasta que se nos secan las venas. Nuestra principal debilidad: la maldición de la memoria de elefante, la que nunca olvida.

Nunca olvido de dónde vengo; créanme, a veces lo he intentado. Han pasado más de treinta y cinco años desde que dejé Nicaragua, mi país natal. Vengo de "la tierra de los lagos y los volcanes", como muchos la llaman. Y debido a los océanos que la rodean, los huracanes y tsunamis pueden azotarla en cualquier momento. Mis antepasados, que lo sabían, se asentaron donde la tierra parecía más rica y lejos de la amenaza de los desastres naturales más peligrosos. Poco sabían que la tierra de sus sueños se ganaría la reputación de ser una de las regiones más desgarradas por la guerra del país. Sin embargo, al cabo de un tiempo, y al igual que los demás, también ellos se resignaron. Supusieron que morirían de algo de todos modos y en lugar de migrar a otro lugar, se instalaron más profundamente en el refugio de las tierras altas del norte de los bosques. Sin duda, era un lugar hermoso, si tan sólo nos hubieran mantenido a los niños alejados de jugar en sus alrededores, una tentadora trampa de flora exótica y fauna extraordinaria.

Mi vida empezó con una infancia de hermosos paisajes, pero más tarde se transformó en una historia de supervivencia y rápidas adaptaciones en medio de un bosque nuboso y un minúsculo pueblo colonial español tan lejano que casi nadie sabía que existía. Fue una vida ordinaria, vivida con creencias firmemente arraigadas— católicas romanas—, entrelazadas en el camino con cuentos populares y una colorida imaginación. Hasta la Guerra Revolucionaria, una de las guerras más sangrientas registradas en la historia de Nicaragua. Una guerra poética a la que sólo sobreviví gracias a las fervientes oraciones de mamá y a la guía de los sacerdotes provinciales, los maestros misioneros españoles que trajeron su cautivadora música clásica —mi puente hacia los recuerdos— y, por supuesto, la ingenuidad de la infancia, en particular la de

3

una niña nicaragüense criada por una madre con un corazón triste y pesado, un padre mujeriego, monjas escolares inflexibles, y un paisaje tentador lleno de minas terrestres y granadas camufladas entre las copas de los bosques nubosos y el suelo húmedo que dejaron primero los conquistadores, la dictadura maldita y la dinastía de la familia Somoza durante más de cuatro décadas, de 1936 a 1979, así como los intereses especiales de gobiernos extranjeros: Estados Unidos de 1912 a 1933, la Unión Soviética, Cuba y la lucha revolucionaria de la Contra de 1979, apoyada por Estados Unidos, contra el intermitente gobierno sandinista.

La historia de Nicaragua es un diario evolutivo escrito por poetas y mártires, pues a cada segundo que pasa se revela una historia del pasado: "¡Papá, mira esta piedra!", dijo una vez un niño cuando los inocentes desenterraron una granada. Un terrateniente había entregado sus tierras, dejando atrás su buey para que sirviera de alimento a los hambrientos soldados. A un joven le dieron un rifle cargado antes de llegar a la pubertad, pero asustado, apuntó en la dirección equivocada y se disparó en el pie. A pesar de todo, el joven soldado partió a la batalla, esperando simplemente que se compusiera un poema en nombre de su valentía, o al menos convertirse en un mártir, otro rostro inmortal pintado en las húmedas paredes nicaragüenses.

Nací en la ciudad de Jinotega, una mancha en el mapa en aquel entonces. También conocida como la Ciudad de la Niebla, por la densa neblina que continuamente abraza el valle. Un lugar fuertemente influenciado por los frailes

4

franciscanos y los misioneros españoles, cuya única misión sería convertir nuestras almas a través del bautismo y la Santa Eucaristía católica. Gracias a sus enseñanzas, aprendí a recitar una oración que supuestamente impedía que me viniera algún mal:

Qué fuerte venís, más fuerte es mi Dios. La
santísima Trinidad me libre de vos.

La oración afirma que, aunque el mal pueda surgir con fuerza, Dios y la Santísima Trinidad me salvarán de todo mal.

"Cerrá los ojos, Ileana, y repetí la oración tres veces cada vez que estés en peligro", solía aconsejar mamá.

Qué fuerte venís... repetía a menudo, y más de tres veces. Hasta que un día no cerré los ojos y, como resultado, se me congeló la lengua. Mamá debió olvidarse de explicarme que, si Dios no respondía a la oración en un momento dado, tenía que salir corriendo.

1

Ángel Guardián

Ciudad de Niebla, 1978. La ironía de la vida: una partida de ajedrez guiada por predicciones, elecciones y el elemento tiempo. Lo que nos hace seres interesantes es la capacidad de pasar desapercibidos por la vida, de mezclarnos entre lo ordinario y lo grandioso, y de camuflar un pasado hasta el punto de que nadie pueda decir que alguna vez existió. Pero al final del día, volvemos a ser quienes fuimos y seguimos siendo: los guardianes de los recuerdos.

Crecí conmemorando el cumpleaños de mi hermana mayor y fallecida hasta los cinco años. "Apúrense", gritaba mamá, instándonos a darnos prisa. Aparentando no envejecer nunca, guiaba su delgada silueta por toda la casa, regocijándose en los pocos recuerdos felices que aún flotaban en su mente.

Aun así, en medio de su mente distraída, mamá se hizo tiempo para entrar en mi habitación e inspeccionar el estado de mi pelo. Tatiana, nuestra joven ayudante acababa de terminar de irritarme el cuero cabelludo con un peine de púas anchas cuando entró mamá, de aspecto frágil pero aún fuerte, quitó el peine de la mano de Tatiana y, con movimientos apresurados, casi peinó todas las cutículas de mi cabeza hasta que mi pelo rebelde se sometió de forma aceptable. "¡Está lista!", anunciaba Tatiana, mientras, una vez más, veíamos en el espejo el reflejo que dejaba al descubierto una lágrima al azar deslizándose por la mejilla de mamá mientras se untaba bálsamo de rosas en los labios en forma de corazón. Todos los años desde que Amanda falleció, el ritual seguía siendo el mismo. Asistíamos a misa y celebrábamos el cumpleaños de mi difunta hermana de la misma forma que celebrábamos el nuestro.

La última misa ofrecida por Amanda tendría lugar en el pueblo natal de mis abuelos maternos, donde se celebró la primera misa. Viajamos desde la Ciudad de la Niebla por un camino de tierra polvoriento y lleno de baches hasta la provincia colonial de San Rafael del Norte durante lo que nos parecía una eternidad. A nuestra llegada, en el interior de la histórica catedral de la adormecida ciudad, un hombre alto y de pelo largo, cuyo cuerpo casi desnudo colgaba en agonía sobre una pesada cruz, nos dio la bienvenida. Su rostro ensangrentado, cubierto de espinas, la piel rota y la mirada implacable, recordaba a todos su amoroso sacrificio y la necesidad del arrepentimiento para absolver nuestros pecados. Mientras la Santa Misa avanzaba debido a la presencia de Jesucristo, la ferviente multitud apenas prestaba atención al humilde sacerdote, el franciscano e italiano Fray Odorico D'Andrea, que ahora ha sido canonizado para convertirse en el futuro santo del pueblo. Mamá había pedido que el sacerdote celebrara esta ceremonia, ya que sería memorable.

El padre Odorico había celebrado primero la misa por el fallecimiento de Amanda, y ahora mamá deseaba que esta última misa concluyera en el mismo lugar y con el mismo sacerdote. Pero poco después del rito penitencial, el padre Odorico gritó casi desesperado: "¡AHORA ES EL MOMENTO DE ARREPENTIRSE, reflexionen sobre sus pecados y ARREPIÉNTANSE de una vez!".

Mamá se volvió hacia papá, pero él se apartó rápidamente, irritado por su mirada de reproche, la condena del sacerdote y el penetrante olor a incienso. El padre Odorico conocía su papel; su única misión desde que llegó a San Rafael del Norte sería salvar las almas de su pueblo. Incluso escribió una carta a papá pidiéndole que corrigiera sus fechorías mujeriegas, pero papá se limitó a ignorar sus advertencias.

"Un hombre valiente lleva un alma fuerte", añadió el sacerdote mientras proseguía con el sermón.

Sedosas cortinas blancas y fragantes rosas decoraban los supremos pilares de la vieja catedral y revivían de nuevo los momentos de un tiempo perdido. Tras la misa, caminé con mis seis alborotados hermanos de vuelta a casa de nuestros abuelos, lentamente por el camino de piedra, que poco a poco se iba convirtiendo en grava, seguidos por unos cuantos invitados. Una vez allí, los invitados se sirvieron comida caliente y café. Dentro de la casa de los abuelos, en un rincón decorado con flores recién cortadas, largas velas blancas y un mantel blanco bordado, permanecía una vieja fotografía de un niño protegida por un marco de latón igualmente viejo.

Como era costumbre en la mayoría de nuestras celebraciones, mamá dirigía las oraciones de gracia mientras papá nos regañaba para que saliéramos a jugar. Y mientras inhalaban y exhalaban sus cigarros, los hombres rodeaban a papá e intercambiaban rumores provincianos. Afuera, los niños jugábamos y pegábamos la cola a un burro de papel clavado en un árbol. A mi hermano Benjamín y a mí nos tocó el último turno porque nos distrajimos escuchando las conversaciones de los mayores. Mamá y las demás mujeres intercambiaban historias del pasado; papá miraba al horizonte, sombrío y desatento, con la mirada vacía mientras los demás hombres lo rodeaban con sus conversaciones. Y unos minutos después, una cola estaba en mi mano.

"Casi", gritó Benjamín mientras me acercaba al burro de papel.

"A tu derecha", dijo otro niño.

"No, a la izquierda", insistió Benjamín.

Me reí al descubrir que había puesto la cola en la nariz del burro.

Mientras tanto, miraba a papá, con los ojos perdidos en un recuerdo lejano, y no podía dejar de preguntarme por su mirada ausente y los rezos obsesivos de mamá, moviendo sus labios en un canto silencioso. Volvíamos a entrar a la casa, y en el aire flotaba el aroma del pan rosquilla de maíz dulce, que mojábamos en una taza caliente de café con leche recién hecho. Luego nos escapamos rápidamente fuera de nuevo, la brisa fresca acariciando nuestros rostros, antes de que las mujeres nos pidieran cantar, siguiendo las oraciones, y terminando por fin bajo un árbol.

Al mismo tiempo, seguíamos observando la constante falta de compromiso de papá con la vida que lo rodeaba. Curiosa por mi peculiar tradición familiar, Dulce, una amiga del barrio, hizo una pregunta que a menudo había dejado perpleja a la gente:

"¿Tus padres siempre celebran así el cumpleaños de tu hermana todos los años?".

"Hay una historia", suspiré, recordando cómo la había escuchado por primera vez mientras mi abuelito Lalo doblaba hojas de tabaco tostado.

- - - - - -

"La vida da muchas vueltas, mi niña", decía abuelo mientras secaba las lágrimas que brotaban de mis ojos. Mis padres habían vuelto a discutir.

Hacía un par de semanas que papá se había ido a refugiar a sus montañas. Abuelo hablaba tranquilamente mientras doblaba hojas de tabaco tostado para abuela, con sus largos y suaves dedos en pequeños trozos de papel encerado, doblando cada pieza con suma precisión, hasta que cada extremo se sellaba con perfecta simetría, como si temiera desdoblarse ante la furia de su amo. Abuelo ya no fumaba, pero disfrutaba elaborando los puros para abuela. Dejó de fumar después de que un caballo lo arrojara contra un portón y sufriera una herida en el pecho. Tras el accidente, pidió a la Virgen María un milagro a cambio de dejar de fumar. El milagro le fue concedido, su pecho se curó, y abuelo nunca volvió a fumar.

Abuelo era un maestro de la narración, y aquel día decidió que había llegado el momento de que yo escuchara una historia del pasado, una que él creía que yo estaba preparada para comprender. Y mientras liaba, doblaba y añadía a la creciente pirámide de puros, revivió momentos de nuestro pasado mientras abuela inhalaba y exhalaba lentamente su puro recién envuelto. Cuanto más me contaba, más comprendía que nadie llega a la vida sin un destino determinado.

Según mi querido abuelo, el matrimonio de mis padres comenzó con una promesa de amor, que hizo que mi joven mamá aceptara todas las ideas que papá proponía. Ella lo seguía como una niña que sigue a sus padres, sin hacer preguntas. Hasta que un día, en lo profundo del bosque nuboso de Nicaragua, el miedo espesó el aire, y los vapores de la tierra caliente se impregnaron a través de la hierba salvaje. La tormenta torrencial desató su furia, desbordando las riberas de los ríos y creando nuevos caminos a su paso.

Los relámpagos separaron los cielos, cubiertos por una ominosa cortina de nubes, trayendo un aire inusualmente gélido sobre la aislada finca de mis padres. Para su negación, la razón de tal ira sigue sin estar clara. Papá lo achacaba a desastres naturales, posiblemente un huracán o la explotación de los recursos de la tierra: los monos encadenados, la deforestación y la extracción de guacamayas rojas de sus nidos. Mamá había culpado al Señor por lavar nuestros pecados, y yo sólo culpaba a las lágrimas incesantes que escapaban del alma de mamá al rememorar un suceso que había ocurrido hacía tanto tiempo.

Durante muchos años no supe qué apasionaba a mamá por papá. Por respeto a mis padres, nunca se lo pregunté. Tal vez fuera su mentón hendido, su pelo castaño claro, el hoyuelo de su mejilla derecha o su incurable obstinación. Su estatura no podía atraerla, pues mamá siempre fue más alta que papá. Esta desproporción, a menudo exagerada por los zapatos de tacón alto de ella, no molestaba a papá mientras el brazo de ella pasara por debajo del suyo y él estuviera cerca de su pelo castaño oscuro y su esbelta silueta envuelta en piel de porcelana.

"Seguime a la finca, nos he construido un nuevo hogar. Contrataré ayudantes para arar la tierra. Allí lo tendrás todo, desde alimentos ecológicos hasta mi amor incondicional", convenció papá a mamá.

"Espera a que nazca nuestro primer hijo", vaciló mamá, con la voz llena de incertidumbre. Papá estaba impaciente por tenerla a su lado y sólo para él. Por eso, apenas un mes después del nacimiento de su primera hija, Amanda, la convenció para que lo siguiera a su remota finca en medio del bosque. Deseaba formar su familia sólo con la sinfonía de la fauna circundante y la solemne compañía de los árboles de hoja ancha.

"¡No! Esperen al menos un año antes de llevar a la niña al bosque", aconsejó, con tono de cautela, el infalible sacerdote de mamá, el Padre Odorico.

"¡Padre, la Sagrada Escritura ordena que una buena esposa debe acompañar a su marido dondequiera que vaya! Por favor, Padre, ofrézcame su bendición".

"En el nombre del Padre, del Hijo y del Espíritu Santo...", bendijo el humilde sacerdote, dejando al descubierto una sotana cosida de nuevo bajo la axila.

Mamá preparó una vieja maleta de cuero que había pertenecido a abuela y se apresuró a ir a *La Estación* con la pequeña Amanda en brazos, envuelta cómodamente en una manta rosa. Una vez allí, tomaría el autobús para reunirse con su joven marido junto a la carretera. El ruido del ajetreado tránsito hizo llorar a la pequeña Amanda, pero mamá la acunó sobre su cálido pecho. "Está bien, mi ángel, nos vamos con papá", le susurró a la niña, con los ojos brillantes de las emociones propias de una mujer enamorada.

El viejo autobús amarillo sobrepasó rápidamente su capacidad con pasajeros que olían a fermentación de días pasados. Eran principalmente campesinos, humildes viajeros que llevaban pollos vivos atados por las patas con una cuerda de nailon al revés. Se colgaban de palos de madera que llevaban sobre los hombros, casi pinchando a mamá en la cabeza. Pero conteniendo la respiración tras su educada sonrisa, se empujó hacia la parte trasera del autobús, donde un caballero le ofreció su propio asiento. El camino de tierra, lleno de baches, hacía que le doliera el cuerpo, pero sabía que valía la pena soportarlo, porque más allá de las nubes de polvo levantadas por el viejo autobús de diésel, aguardaba un mundo completamente nuevo.

"Pronto, nuestros pulmones respirarán aire puro; nuestros ojos verán hermosas flores silvestres, musgo y animales exóticos", susurró de nuevo al oído del bebé. Durante el viaje, mamá se sumió en un mundo de sueños espectaculares. Se imaginaba galopando con la pequeña Amanda y su marido por los místicos bosques nubosos, bañándose bajo frescas cascadas y bailando en un jardín lleno de perfumadas orquídeas silvestres y melodiosos tucanes. Hasta que el autobús se detuvo de repente. Mamá tuvo que empujarse una vez más a través del abarrotado autobús, esquivando el revoloteo de las inquietas gallinas patas arriba en los palos de madera de los campesinos.

A su llegada, ataviado con botas altas negras y un gran sombrero vaquero, aguardaba papá, reconociendo a mamá con expectación. Cuando mamá lo vio por primera vez, casi se le sale el corazón del pecho y sintió mariposas en el estómago. Casi se olvidó de que llevaba en brazos a la pequeña Amanda. Papá saludó al borde del camino, mostrando los profundos hoyuelos de sus mejillas y su mentón hendido, mientras sujetaba con firmeza dos caballos: un andaluz negro que era suyo y un Clydesdale rojo que había comprado para mamá.

Los jóvenes amantes se abrazaron y, sin dudarlo mucho, ensillaron sus caballos y emprendieron un viaje que pronto transformaría sus vidas para siempre. Papá sujetó las riendas de su caballo mientras cruzaban el río que dividía la carretera de la naturaleza salvaje. La fuerza del río y el brillo de sus aguas cristalinas, junto con el exótico entorno del bosque, la abrazaron. El perfume de las vibrantes flores silvestres y el suelo húmedo despertaron sus sentidos. De camino a la remota finca, divisó un quetzal resplandeciente en uno de los árboles más altos, sus plumas una gloria de tonos iridiscentes. Su gozoso avistamiento reafirmó que había tomado la decisión correcta, pues el bosque de niebla nicaragüense podía atraer a cualquier especie exótica a su hábitat: osos hormigueros, monos aulladores, jaguares, perezosos de tres dedos, serpientes voladoras, ranas venenosas y bichos de todo tipo.

"¡Allí!". Papá señaló una pequeña finca aislada en medio del denso bosque. La solemnidad del paisaje provocó en mamá un escalofrío instantáneo mientras una lenta y densa niebla cubría el cielo.

"¿A qué distancia está el vecino más cercano?", preguntó mamá.

"Lo suficiente para no molestar", respondió papá.

Con el paso de los días, mamá se adaptó rápidamente al ajetreo de la vida en la finca. Trabajaba codo a codo con papá, ordeñando la única vaca que le había regalado su hermano mayor, Polín, y recogiendo huevos calientes de los nidos de las gallinas. Vivieron felices durante más de cinco meses bajo el hechizo de los bosques místicos. Sus bendiciones se multiplicaron rápidamente, pues su única vaca pronto pariría un ternero. La fértil tierra de papá produciría suficientes cosechas para que pudiera venderlas y ampliar sus tierras en vastas praderas. Su primogénita, Amanda, creció tan hermosa como habían soñado. Heredó los ojos color avellana y el pelo castaño claro de su padre, y día tras día le encantaba con sus suaves arrullos.

Hasta que un día cayó un aguacero torrencial sobre el desgastado tejado de aluminio, cuyo golpeteo hacía imposible conciliar el sueño. Sin embargo, nadie intentó dormir aquella noche. Mamá llevaba casi dos noches en vela, esperando a que el rayo del amanecer se asomara por las rendijas de las paredes de madera. Tenía los ojos hinchados y apagados, el estómago vacío y los nervios crispados. Amanda, mi hermana mayor, de solo seis meses, fue diagnosticada con la enfermedad del mal de ojo por un conocido anciano del bosque conocido como *El Curandero*.

"*Su cría tiene mal de ojo*", le dijo a mamá el curandero de pelo canoso y enjuto, afirmando que el bebé había contraído la enfermedad de los adultos cuando miraban fijamente a los ojos del recién nacido con envidia o algún tipo de agitación física.

"Ah, no estoy de humor para mitos", suspiró mamá.

"No, doña Nena. Los ángeles hermosos como esta niña son envidiados. ¿Quién la ha visto últimamente?", preguntó el curandero.

"La última en verla fue doña Domitila, la vieja que vive junto al río. Un alma bondadosa, nos trajo una cabeza de plátanos rojos. Me aseguré de que cogiera a la bebé enseguida".

"Entonces, no era ella. Pensalo mejor", insistió el anciano.

"Antes de doña Domitila, nos visitó Yervamala. Ahora que lo pienso, entró furiosa en la habitación, directa al bebé, y se marchó a toda prisa sin cogerla en brazos. Tonterías", reprocho mamá.

"Esta bebé necesita una limpieza del mal", sugirió el anciano, mirando fijamente a los ojos de la bebé como si viera directamente en su alma.

Aceptando que no tenía otra opción, permitió que el anciano practicara sus míticas curas, dado el momento y el aislamiento del lugar. El viejo curandero era bien conocido por curar a los nativos y aseguró a mamá que la fiebre de Amanda cesaría pronto. Procedió a sacar de un viejo saco de nylon una botella de Cususa, un licor autóctono de fabricación local, y la abrió con sus manos arrugadas y secas por el sol. Se metió la botella en la boca, bebió un gran sorbo y se la calentó por dentro como si se enjuagara la boca.

Luego sopló con fuerza el licor caliente fuera de su boca y sobre el cuerpecito de Amanda, dejando al descubierto unos cuantos dientes podridos y perdidos. Pero al darse cuenta de que el licor medicinal no surtía efecto, determinó entonces que no era la enfermedad del mal de ojo lo que afligía a la niña. La fiebre de Amanda no cedió, sino que hizo más estragos en su cuerpecito. No obstante, el viejo curandero procedió a remover otro de sus brebajes herbales, utilizando únicamente productos farmacéuticos del bosque circundante. Hirviendo salvia, yerba buena y otras hierbas silvestres en una lata, introdujo gotas del brebaje en la boca de Amanda y realizó su segundo diagnóstico: Tenía una grave infección estomacal llamada *Tifoidea*.

El anciano esperó fervientemente junto a la cuna de madera de la niña a que el brebaje entrara en su cuerpo, espantando las sombras de la muerte que creía rodeaban a la niña con una rama frondosa, todo ello mientras los angustiados dedos de mamá pasaban de una perlada cuenta del rosario a la siguiente. Las interminables oraciones, rosarios y novenas de mamá sólo calmaban su espíritu mientras su dulce Amanda se debilitaba por momentos. Incapaz de curar a mi hermana mayor, el viejo curandero dejó a la indefensa niña únicamente en manos de Dios y de mi desesperada mamá.

Poco después de que el curandero se marchara, mamá llamó a uno de los campesinos que estaban sentados fuera de la casa. Pancho, mascando caña de azúcar, entró corriendo sin percatarse de sus botas llenas de barro. Sujetó amablemente su sombrero sobre el pecho mientras mamá, con voz desfallecida y lágrimas incesantes, explicaba el estado crítico de Amanda.

"Ve y llama a mi marido. Mi bebé necesita medicinas de verdad y no puede quedarse aquí", le ordenó mamá.

Asintiendo y escupiendo el último trozo de caña de azúcar, Pancho salió corriendo, montó en su caballo y buscó a papá, quien había ido a rescatar a un ternero recién nacido, que se había quedado atascado en el barro. Amanda y mamá esperaron la llegada de papá, sintiéndose impotentes ante la incesante lluvia. Mamá se puso frenética para que llevara a Amanda al pueblo más cercano, San Rafael del Norte. Sin embargo, papá ya había pasado demasiado tiempo rescatando al ternero y ya era tarde para viajar. La tormenta oscurecía el cielo con mayor furia, y el debilitado cuerpo de la niña se volvía demasiado frágil para soportar el accidentado viaje a caballo. Al final, lo único que pudo hacer la angustiada mamá fue echar más leña al fuego y sentarse en una vieja mecedora de madera que había utilizado a diario para mecer a Amanda hasta que se durmiera. Las lágrimas que escapaban de su alma competían con la incesante lluvia mientras sujetaba a una niña casi sin vida. Meciéndose de un lado a otro, mamá consolaba a su dulce bebé mientras cantaba una canción de cuna española al compás del crujido de la mecedora.

Dormite mi niña, dormite mi amor,
dormite pedazo de mi corazón....

Finalmente, Pancho localizó a papá y lo llevó a casa con Amanda. Cuando papá llegó, entró lentamente, dejando rastros de gotas de agua de sus botas y su impermeable aún mojados. Sus pasos ligeros se arremolinaban con emociones de miedo e impotencia mientras esperaba que Amanda simplemente se fuera a dormir como había hecho las otras ciento setenta noches de su vida.

"El ternero no se pudo salvar", anunció papá, colgando su sucio abrigo de un clavo oxidado que sobresalía de la pared de madera. Las lágrimas rodaron por las mejillas de mamá mientras le lanzaba a papá una mirada que tatuó lo más profundo de su corazón.

"Deprisa, acércate", lloraba. Amanda luchó contra la muerte durante varias horas; sus ojos se cerraban y abrían, pero ya no lloraba. Su cuerpo se ablandó por la deshidratación, como si su piel ya no se aferrara a sus huesos. Sin embargo, por alguna razón, seguía viva.

"¡Aquí, mi niña!", llamó papá a la niña, haciéndole cosquillas mientras intentaba jugar al cucú. Amanda se limitó a devolverle la mirada, demasiado frágil para reaccionar. Mientras él la sostenía suavemente en sus brazos, Amanda clavó sus ojos en los de él y forzó una tierna sonrisa.

"¡Mi niña sonrió!". Papá llamó a mamá.

Mamá se apresuró a ver. Por un momento, la esperanza llenó sus corazones, pero la lluvia seguía cayendo a cántaros, los truenos se hacían más fuertes, y papá se sentía impotente mientras la vida de su pequeño ángel se desvanecía entre las yemas de sus propios dedos. Su cuerpo temblaba como si le hubiera caído un rayo; su corazón se pulverizaba de dolor y su mente se astillaba con su fallecimiento. Abrazó con fuerza a la pequeña Amanda y, con mano temblorosa, consiguió bendecirla con la señal de la cruz hasta que suspiró por última vez. Sus hermosos ojos se apagaron mientras su cuerpo se enfriaba, y dejó a mis padres para siempre.

La habitación se volvió sepulcral, helando el alma de mis padres con una profunda y hueca tristeza. Mamá se acercó a papá con pasos ligeros, como si flotara en el aire, y le tendió la mano mientras él sollozaba incrédulo. Abrazando con fuerza el cuerpo de Amanda, la miró con los mismos ojos color neblina que ella. Mamá le quitó la niña aún caliente de los brazos y la estrechó contra su corazón, bañando su cuerpecito con sus propias lágrimas. Incapaz de devolverle la vida a Amanda. Mamá retomó entonces su posición en la vieja mecedora de madera, meciéndose suavemente hasta que la quietud se apoderó de la habitación. Mamá quedó firme e impasible como una piedra. Papá se quedó quieto, mirando brevemente las grietas de la pared de madera, y luego salió al exterior y montó su caballo de nuevo.

Según cuentan los testigos, unos minutos después se oyeron gritos que resonaban en la tormenta. En su dolor, papá olvidó temporalmente a mamá. Y a su regreso, dos horas más tarde, tal como la había dejado, mamá estaba sentada con Amanda fría en sus brazos. Él permaneció junto a la puerta, con sombras en sus ojos hundidos y sintiéndose enfermo de dolor.

"Pancho, apresúrate a San Rafael del Norte y trae a mi suegra", ordenó papá.

El hombre leal montó de nuevo en su caballo y desapareció en la tormenta como un fantasma, con su gabardina ondeando en el aire. Más tarde, al llegar cerca del amanecer junto a Pancho y abuelo, abuela apareció con un vestido y un poncho. Dejó caer su bolso sobre el húmedo suelo de tierra prensada y corrió hacia mamá. Le susurró al oído, como para no despertar a la recién nacida: "Se pondrá bien, mi dulce niña", consoló abuela a mamá. Pero ante la mirada insensible de mamá, abuela le fue quitando poco a poco a Amanda de los brazos. Acercó a la niña fallecida a su pecho encorvado y la envolvió cuidadosamente con una manta rosa de bebé, dándole a la dulce Amanda una última oración y un beso. Los abuelos, papá y mamá, llevaban a la niña sin vida, montaron a caballo hasta La Estación, donde les esperaba un vehículo para llevarles a la ciudad de San Rafael del Norte. Abuelo dijo, y mamá confirmó después, que no se dijeron palabras, sólo una triste historia que caló en el silencio.

A su llegada al pueblo, largas velas blancas daban la bienvenida a la pequeña Amanda mientras familiares y amigos rezaban novena tras novena, sorbiendo café recién hecho y saboreando pan rosquilla de maíz caliente. Todos vestían de blanco, un color que representaba la pureza de un niño, aunque el negro representaba típicamente la muerte y las nubes oscuras que cubrían sus corazones afligidos. La humilde casa de ladrillos de adobe de la pequeña provincia recibió a la niña con cortinas blancas colgadas de sus ventanas de madera y de la puerta principal. Mamá se retiró a su habitación poco después de llegar, ignorando a los invitados.

"Nadie sabe qué inspiró su espíritu", continuó abuelo.

Mamá reapareció unos instantes después y empezó a entonar cánticos exaltantes, todos en nombre de Amanda, provocando la exaltación de la multitud. Muchos pensaron con pena que mi pobre mamá había perdido la cabeza. Pero, elegante y cargada de dignidad, se sentó junto a la caja de su pequeña y le dijo a papá que su bebé era ahora un ángel en el cielo. Su pureza, tan blanca como sólo los ángeles podían ser, necesitaba ser honrada.

El padre Odorico predicaba que la muerte de un niño debe celebrarse, pues se convierte en otro ángel en el cielo. Normalmente ponía música a través de los grandes altavoces de su iglesia para celebrar la entrada de un niño en las puertas del cielo. Pero con la mirada perdida en la caja de su querida niña, papá vestía sus habituales vaqueros azules y camisa guayabera blanca de algodón, permaneciendo en silencio en compañía de su propio dolor y del fuerte sonido de la música que la iglesia del padre Odorico ponía para celebrar el nuevo nacimiento de la niña. La canción del Ave María, entre otras, se escuchaba durante todo el trayecto hasta el cementerio.

"Por eso celebramos el cumpleaños de Amanda año tras año. Es nuestro ángel en el cielo", concluyó abuelo.

Aquella noche de revelaciones, después de que abuelo me contara la historia de cómo mis padres se fueron alejando el uno del otro, cada vez más lentamente, comencé a comprender las incesantes oraciones de mamá, su sobreprotección hacia nosotros y su devoción inquebrantable hacia papá. Cuando terminó la fiesta de cumpleaños de Amanda y todos los invitados regresaron a sus casas, nos quedamos en nuestra nueva casa construida de madera de roble, parecida a la finca de mis padres en medio del bosque, con recuerdos lejanos de una hermana perdida hace mucho tiempo. Tras la salida del último invitado, mamá nos reunió en un tono reservado y casi escalofriante. Nos abrazó y besó a los siete niños en la frente, anunciando que estaba lista para dejar que Amanda descansara en paz. Me sentí confundida, pensando que ya estaba durmiendo. Desde entonces, ya no celebramos el cumpleaños de Amanda, aunque nunca la olvidaríamos.

Como muchas historias suelen contar, a veces hay una razón por la que alguien elige un camino en la vida. Ya sea para bien o para mal, existe. Para papá, que nunca fue fiel, la muerte de Amanda, su primera hija, intensificó sus travesuras mujeriegas, y como resultado, eligió su camino. La despedida de Amanda marcó un nuevo comienzo para mamá y papá, uno trágico. Tal vez fue la profunda herida grabada en sus corazones o simplemente el destino jugando sus habituales malas pasadas. La aflicción personal ensombreció su vida amorosa. Un giro leve, una tragedia o una simple elección pueden llevar a cualquiera a circunstancias desconocidas. El matrimonio de mis padres cayó en un túnel oscuro.

La gente solía decir, para consolar a mamá, que Amanda se había convertido en una abogada junto al Trono de nuestra Divinidad, y que nuestras vidas serían MUCHO mejores. Según las Sagradas Escrituras, Amanda, ahora un nuevo ángel en el cielo, abogaría por nuestras almas ante nuestro único Dios, Jesucristo, para los próximos años de purgatorio que nos esperaban en la tierra. Cada vez que mamá hablaba de su dulce Amanda, nos recordaba que la niña estaba en un lugar mejor, donde no sentiría pena, vacío o dolor alguno, y mucho menos sería consciente del breve tránsito de la vida en la tierra. Ahora, en el cielo y junto a Dios, Amanda cuida de nosotros como nuestro Ángel de la Guarda especial.

Desde esta tragedia, papá se negó a retirarse por completo de los fragantes bosques. Se aferró a las tierras ricas, al majestuoso cobijo de los árboles de hoja ancha, a la reconfortante sombra, a la brisa brumosa de las nubes de whisky y a las orquídeas de dulce aroma. Hizo todo lo posible para salvar y conservar esta tierra, pero esto lo hizo vulnerable al hechizo de amantes oportunistas cuyas vidas estaban entrelazadas con los mitos de los bosques: los gritos de la llorona, mujer embrujada en el río, las esposas del jinete sin cabeza y las elaboradoras de pociones celestiales y seductoras, que se ofrecían a trabajar para él, a cambio de cobijo y los celos de mamá. Aunque mamá solía afirmar que papá tenía razones para comportarse como lo hacía, ya que Amanda se llevó parte de su espíritu, a menudo yo me preguntaba si esto es lo que abuelo quiso decir cuando afirmó: "*Mi niña*, hay varias maneras de matar a un hombre".

2

La procreación debe continuar

Porque era la voluntad de Dios que yo naciera. Crecí en lo que parecía un hogar feliz de diez: cuatro hermanos bulliciosos, dos hermosas hermanas, nuestro ángel de la guarda Amanda en el cielo, mis padres y yo. Alternando entre la ciudad y la vida en la finca durante los años académicos de mis hermanos, el tiempo que mis padres pasaban juntos disminuía. A papá, un hombre dedicado a la tierra, no le importaba que dejáramos de lado nuestra educación para ayudarle a cultivar la tierra y arrear el ganado todas las mañanas antes de las 5:00 a. m. Mamá, una dedicada maestra que enseñó a papá a leer y calcular, a menudo no estaba de acuerdo con lo que ella llamaba "la forma burra de pensar de papá". Para ella, la educación no era una opción, sino una necesidad. Por lo tanto, estábamos destinados a alternar entre la vida pueblerina restringida y la libre evasión del mundo natural. Tras la muerte de Amanda, papá se dispuso a comprar un lugar permanente en la Ciudad de la Niebla. La nueva casa estaba sostenida por tablones de madera, un patio de madera de gran tamaño y grandes ventanas de cristal cubiertas con cortinas que parecían contener la primavera en sus colores. Así, con la esperanza de apaciguar los nervios de mamá tras la pérdida de Amanda, papá buscó el nuevo hogar perfecto para su familia en rápido crecimiento. Tras su cuarto hijo, Ramón, se obsesionó con comprar una casa a un vecino que la construyó a medida para su esposa. El aspecto rústico, la ubicación y el gran terreno atrajeron tanto a papá que ofreció una cantidad de dinero irresistible al propietario, dinero que llegó tras vender sus mejores reses al matadero. La esposa del hombre se enfadó por la venta. Como resultado, la mujer decidió cortar a machetazos todas las plantas vivas del jardín, dejando la casa verdaderamente rústica para que mis padres la disfrutaran. Emocionado por la adquisición, se dice que papá vendó los ojos a mamá cuando se acercaban a la nueva casa y se cogieron de la mano, a veces como recién casados. Pero al llegar, papá se detuvo y suspiró profundamente.

"Aquí estamos", anunció, ya sin emoción ante la destrucción. "Mujer enferma", maldijo mientras pateaba la tierra.

"¿A quién llamas enferma?", murmuró mamá, quitándose la venda con desdén.

"No vos; yo me refería a la esposa demente del hombre que me vendió este lugar. No hay nada peor que una mujer mal de la cabeza".

"Dijiste que era una casa preciosa con un jardín hermoso. Esto es una calamidad", aguijoneó mamá.

"Lo era cuando la compré, pero la mujer del hombre perdió la cabeza", explicó. "Podrías reconstruir el jardín a tu gusto; la casa sigue siendo llamativa, ¿no te parece?".

"El huevo ya ha eclosionado. Servirá", aceptó mamá.

Según la abuela, en pocos meses mamá cultivó uno de los mejores jardines de la ciudad. Con una fabulosa variedad de rosas fragantes, hibiscos rojos y blancos, y helechos verdes y deliciosos, podría haber tenido una floristería si lo hubiera deseado. Una vez que mamá estableció el jardín, la casa se fue convirtiendo poco a poco en suya. La casa parecía modesta pero rica en detalles y carácter. La gente solía pensar que era una casa de cuento de hadas hecha de cristal por sus grandes ventanales y su entorno boscoso, creado por troncos de madera de cedro y protegido por guayabos, naranjos, nísperos, jocotes y mangos. Los huéspedes entraban a la casa a través de prados separados de hierba verde bordeados por exuberantes jardines. Al llegar a la puerta principal, tenían que cruzar el patio central, alertando de su presencia con sus pisadas sobre tablones huecos de madera.

Unos años más tarde, tras unos encuentros sensuales a medianoche entre mis padres y justo antes de la sacudida del destructivo terremoto de 1972, mamá esperaba una nueva bendición: YO. "¡Debió de ser al concebirte cuando provocaste el destructivo terremoto!", mamá se burlaba de mí cuando le preguntaba por mi nacimiento. Más tarde, después de enterarme del drástico cambio que el terremoto de 1972 provocó en nuestro país, su humor no me hizo ninguna gracia. Según las noticias, el terremoto destruyó cerca del noventa por ciento de la ciudad de Managua, con miles de muertos y heridos, y muchos sin agua ni comida durante al menos veinticuatro horas. Y para colmo, muchos no recibieron sepultura adecuada, sino que fueron quemados con gasolina en las calles, por temor a la fiebre tifoidea. No obstante, contenta con las noticias de mamá, abuela dijo: *"Los que Dios te quiera dar"*, reforzando su creencia de que una mujer católica romana y devota debe tener tantos hijos como le conceda el Señor.

No conocíamos el peso profético que tenían las palabras de la abuela. "Quizá este niño también desarrolle un profundo amor por la naturaleza, tanto o más que los demás", esperaba ella. Sus palabras fueron proféticas. Al parecer, la vida salvaje y la selva no hechizaban al resto de mis hermanos como a mí. Ellos parecían inclinarse por la escuela, mientras que yo compartía la resistencia a la educación formal como el gran poeta Rubén Darío, quien se educó en la biblioteca del pueblo tras fracasar en su intento de permanecer en la escuela. Tras la buena noticia del nuevo embarazo de mamá y la supervivencia del nuevo hogar de mis padres después del destructivo terremoto, recibieron a mis abuelos de nuevo con los brazos abiertos. La cocina gourmet de abuela y las cosquillas de abuelo mimaron a mis hermanos y hermanas. Mi familia se alegró cuando los queridos abuelos se mudaron una vez más para ayudar a mamá a traer una nueva vida, aunque fuera por octava y última vez.

Tomando la mano de mi abuelo, moreno y apuesto, de 1,80 m de estatura, nuestra menuda abuela, de 1,52 m de estatura, rubia y de ojos verdes, caminó por los hermosos jardines de mamá hasta nuestra casa, decidida a quedarse todo el tiempo que fuera necesario. Abuela, arraigada católica romana, nos sirvió de modelo. Como abuelo, también era una gran narradora, y mi familia la escuchaba embelesada cuando hablaba del amor que ella y abuelo habían compartido.

Repudiada por su familia, ya que se casó contra su voluntad con un hombre de condición inferior, abuela dijo que amaría y apreciaría a abuelo por toda la eternidad. Cogidos de la mano, día tras día, se levantaban con el canto del gallo y se dirigían a la primera misa a las 5:00 a. m. Dedicada a Dios y siempre a su servicio, abuela se aseguró de que el alma de mamá tuviera una reserva de primera clase en el cielo. Le recordaba constantemente a mamá que el deber de una mujer virtuosa era servir a Dios y tener hijos hasta que Él ordenara: "No más". Desobedecer tal ley significaba un boleto de primera clase al infierno. Por lo tanto, guardó celosamente la reputación de mamá y su reserva celestial durante muchos años.

Tres meses después de que Amanda dejara a mamá, como dictaba el deber de una mujer católica romana ejemplar, mamá quedó embarazada de Francisco, su segundo hijo: el espabilado y estudioso. Más tarde vinieron

Socorro, hermosa y decidida; Ramón, el audaz y solucionador de problemas; Juan Carlos, animado y valiente; Francisca, tan hermosa como Socorro, estudiosa y de corazón de oro; Benjamín, joven, juguetón y querido por mis padres y, por último, su octava y afortunada hija: YO, la curiosa y rebelde, como mamá a menudo me describía.

Criada con una moral estricta que seguir, muchas novenas que rezar y extensas instrucciones sobre cómo debe comportarse una mujer adecuada, mamá sirvió a Dios y a papá hasta que su vientre ya no alimentó vida. Tal vez su fecundidad fue un intento desesperado de llenar el vacío que Amanda había dejado o simplemente un cumplimiento para intentar ganarse el corazón de mi desesperado papá y la bendición divina de Dios. Tal vez se debiera a ambas razones. Esto no lo sé. Lamentablemente, abuela debió olvidarse de interpretar las leyes de Dios a papá, que interpretaba la ley de engendrar hijos con otras mujeres como un conejo, para su propio beneficio. Para papá, el adulterio no era antirreligioso, y decidió que para asegurarse sus tierras ganadas con tanto esfuerzo, necesitaba engendrar tantos hijos como le concediera el Señor. El destino de su sagrado boleto de primera clase: Desconocido. Como mamá pasaba la mayor parte del año en su nueva casa de la ciudad, se ocupaba fácilmente de siete niños revoltosos y de las actividades semanales de la iglesia.

En casa, se podía ver a mamá cosiendo junto a la ventana de su habitación con vistas a los bosques nubosos y a su querido jardín, cocinando en una cocina tradicional de adobe o persiguiéndonos con un cinturón de cuero macizo. En la iglesia, mamá predicaba junto al estrado del altar, confesaba sus pecados diarios y se arrodillaba ante Dios hasta que recitaba todas las oraciones con modesta diligencia y sus rodillas comenzaban a hincharse. Temiendo que el gobierno le embargara sus tierras, como les había ocurrido a muchos otros terratenientes, papá pasaba la mayor parte del tiempo aislado en la finca. Al menos, eso es lo que mamá quería creer cuando surgían rumores de sus romances clandestinos. A diferencia de mamá, papá sólo se arrodillaba para sustituir una tubería subterránea rota o para ayudar a una vaca a dar a luz. Se le podía encontrar recorriendo el bosque en su caballo marrón, sustituyendo alambradas rotas, esparciendo y secando granos de café, cortando cañas de azúcar, ordeñando las vacas o visitando rutinariamente a las menos afortunadas, como él llamaba a las brujas buscadoras de fortuna de los bosques.

Con el tiempo, un buen día de julio de 1973, mientras mamá recordaba mi nacimiento, papá sudaba profusamente esperando a que esta persona única llegara a su vida. Permaneció en la habitación presenciando mi nacimiento de la misma forma que veía nacer a un ternero. *"¡Apúrate, Apúrate!"*, apresuró a mamá. "El bebé ha estado ahí demasiado tiempo y necesita conocernos ya". La pobre mamá debió perder todo su peso de maternidad, sudando y empujando, hasta que por fin decidí enfrentarme a los retos de este mundo.

"¡Es una niña!", anunció el médico. "¡Es más grande que un conejo de cuatro kilos!". Entonces me puso boca abajo mientras me daba palmadas en las nalgas hasta que solté un llanto aceptable. Se dice que, mientras levantaba la cabeza, mamá me dirigió una mirada de aprobación y luego se desmayó.

"¿Tan fea era yo?", pregunté la primera vez que mamá me contó esta historia.

"¡No!", se rio, "pero dar a luz a una niña de tu tamaño no fue fácil".

No podía imaginar cómo mi menuda mamá de 54 kilos me llevó en su vientre durante tanto tiempo. Siempre que le preguntaba, me decía: "Todo es posible con la voluntad de Dios". Y así fue. El octavo hijo fue una sorpresa de última hora para mi ya agotada madre.

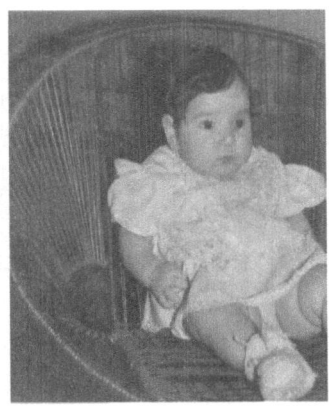

Ileana, 4 meses

De todas las cosas que inundan mi memoria, el lugar que más perdura en mi mente, a menudo ocupada, es el abrazo de mi paraíso interior, hermoso y frágil, dentro del paraíso más extenso de Nicaragua, en mi ciudad natal, la Ciudad de la Niebla. Fue allí donde mi cordón umbilical se desprendió del vientre de mamá, y nací. Nuestra ciudad era un lugar único para crecer. La Ciudad de la Niebla permanecía constantemente refrescada por el aire brumoso y las abundantes precipitaciones. Densas nubes y un gran lago artificial —símbolo de la modernización— la delimitaban. Era una ciudad colonial, como ninguna otra, que mis ojos aún no habían visto. Fue testigo de mis primeros sueños y, más tarde, de mis pesadillas. A través de los sobrecogedores y, a veces, celestiales sonidos de la música clásica, folclórica y religiosa, transformó mi realidad en una paleta de azules y violetas.

Los maestros franciscanos locales, y a veces los curas del pueblo, nos enseñaban las costumbres de los buenos católicos, junto con la música de compositores como Beethoven, Bach y Mozart. Encendían el viejo tocadiscos, apenas visible a través de las largas mangas de sus sotanas, y nos ordenaban sentarnos en círculo mientras tocaban varias canciones. Las mejillas de los maestros enrojecían por momentos de inspiración, mientras nuestros ojos brillaban con esperanzas y sueños. Y en lugar de hacer sonar la pesada campana cromada de la iglesia para anunciar la hora, solía tocar una canción clásica que resonaba por toda la ciudad a través de un altavoz de gran tamaño. "Für Elise" de Beethoven, es la canción que más recuerdo y se ha convertido en un puente hacia mis recuerdos.

La gente del pueblo hacía una pausa en sus actividades mientras también escuchaban el concierto. Escuchar la melodía sin palabras durante unos segundos era suficiente para que vinieran a mí sueños de maravilla y poder. En la mayoría de las ciudades latinoamericanas, coloridos ritmos folclóricos y alegres canciones dan serenatas a la gente.

En aquella época, los ciudadanos de la Ciudad de la Niebla también disfrutaban de distintos aspectos de las culturas de sus antepasados. En el momento en que la música fuerte y melódica se escapaba por los altavoces de la iglesia, todos hacían una pausa en sus quehaceres. Los vendedores que balanceaban graciosamente cestas tejidas de pan y frutas sobre sus cabezas la mayor parte del día, descansaban unos segundos. Los limpiabotas de La Plaza Central ralentizaban el paso; los cotillas se tomaban unos segundos antes de reanudar sus relatos, y las criadas, cuyo principal trabajo consistía en fregar los suelos de baldosas rojas para mantenerlos relucientes, volvían a llenar sus pulmones de aire antes de seguir fregando. Yo también hacía una pausa en cualquier gran actividad que estuviera realizando en ese momento y me regocijaba en la divina serenidad que esos melódicos segundos me proporcionarían.

La sutil melodía interrumpía nuestras rutinas diarias con una cierta magia que nos inspiraba a todos a soñar más allá de las fronteras del terror y la desesperación que amenazaban constantemente al país. Yo soñaba con la vida en otro mundo, con los tranquilos paisajes de los bosques sobre mi casa y con la silueta grácil pero poderosa de sus criaturas. Y entonces soñaba a menudo con mis queridos bosques al son de la melodía de Für Elise, que se mezclaba con la disonancia de la exótica fauna de tucanes, quetzales escurridizos, ocelotes, guacamayos, reptiles terrestres y arbóreos, jaguares y monos aulladores. En mi mente soñadora, la selva seguía perfumada por vibrantes frangipanis, tercos helechos y húmedo musgo. Todo lo salvaje y en peligro de extinción se movía al son del canto lírico, iluminado por la luz de la luna filtrada a través del denso dosel. Una bandada de guacamayos voló hacia mí, abriendo sus alas para elevarse rápidamente. Incluso en la penumbra, su vistoso plumaje brillaba como el arcoíris.

A medida que crecía, lo mejor del paraíso aún estaba por revelarse dentro del bosque nuboso. Era la tierra perfecta para fértiles cafetales y abundantes cosechas. Un lugar alejado de la ciudad, donde sólo el rayo y la naturaleza tenían la última palabra. Fue allí donde ocurrieron mis recuerdos más estimulantes. La finca estaba alejada y libre de límites, de la misma forma que mamá la había visto por primera vez mientras sostenía a Amanda en sus brazos, situada en la densa naturaleza salvaje del país, un paraíso virgen lleno de extraña vida salvaje. Saboreé la belleza y la adicción a la libertad, la que sólo sentía al montar en mi caballo Lucero y galopar por los paisajes vírgenes sin límites de velocidad. Una solemnidad difícilmente reemplazable donde mis oídos bloqueaban todos los sonidos, y nada más importaba. Este fue también el lugar responsable de mi obstinada resistencia a la escuela, ya que nunca quise abandonar su abrazo adictivo.

Mamá permaneció fiel a sus hijos, a papá y al Dios divino durante años. Hizo lo que se esperaba de las mujeres católicas romanas: servir a Dios y a sus maridos incondicionalmente. Se dedicó a sus quehaceres cotidianos, ignorando las fechorías de su marido y rezando diariamente al Señor por su generosa absolución. Mientras tanto, la pasión de papá se desviaba por completo hacia la tierra que tanto le había costado ganar, la misma tierra que su padre le había enseñado a cultivar. Se arraigó profundamente en la tierra, tan fuera de su alcance que nadie, ni mamá ni sus primeros hijos, pudieron arrancarlo de allí.

Con el tiempo, su pelo castaño claro se volvió plateado prematuramente por el constante acoso de mentes enfermas de pensamientos de guerra y las acciones de dichos cristianos, que a menudo reclamaban territorios que no les pertenecían. Según algunas historias ancestrales compartidas en las cenas familiares, heredamos los genes de nuestros antepasados españoles-italianos, buscadores de fortuna, que desde el siglo XIX ocuparon las codiciadas tierras de Nicaragua. Establecieron plantaciones agrícolas y ganaderas en un territorio demasiado místico para ignorarlo. Otros parientes discutían y afirmaban que mis antepasados paternos procedían del País Vasco; para mí, eso ya no importaba, pues algunos de nosotros acabamos en el mismo lugar en el que nos encontramos hoy: sin nada, sólo con la propiedad de un alma enredada en los recuerdos de un destino.

Es difícil aislar a los nicaragüenses en una etnia: algunos afirman tener ascendencia británica y hablan francés e inglés, y otros hablan la lengua indígena miskita. Al mismo tiempo, otros reivindican una raza más exótica: ascendencia blanca y amerindia, también conocida como mestiza: la diosa de piel morena que balanceaba una panera sobre su cabeza a diario por el viejo camino de piedra y el huérfano que limpiaba religiosamente los zapatos en El Parque Central. Pocos pueden presumir de ser de pura sangre de ascendencia europea: el anciano bajo y rechoncho —propietario de una vasta tierra selvática— y la vieja narizona y testaruda de la pastelería cercana. Al final, todos acabarían siendo conocidos simplemente como *Pinoleros nicaragüenses*, cuyas vidas girarían en torno a la harina de maíz dulce y las bebidas de cacao.

Balbina, mi abuela paterna, narizona y de ojos azules, solía decir: "Nuestra mezcla con nuestros antepasados mestizos nos convirtió en grandes seres". Y papá, en defensa de su estatura, nos recordaba: "La esencia fina no siempre viene en grandes proporciones". Después de escuchar las historias de abuelo sobre nuestros antepasados europeos y amerindios y cómo fundaron nuestros pueblos coloniales por toda Nicaragua, a menudo me preguntaba por qué nos quedamos en un país que no abrazaba la autonomía y la igualdad para todos.

"Mira a tu alrededor", decía papá para responder a mis preguntas.

Miré a mi alrededor, como muchos otros, y lo comprendí. Nuestros antepasados fundaron ciudades coloniales por todo el país con la intención de cultivar especias y enviarlas a sus países de origen. En lugar de regresar, se enamoraron de su recién encontrada madre patria: una madre fértil cuya lava volcánica fluía por los cráteres huecos de su vientre distendido. Desde las montañas hasta los océanos, alimentó el bosque nuboso con niebla y la selva tropical con lágrimas. Madre severa, nos besaba con el calor del sol, mientras acariciaba la tierra, pero reprendía a sus hijos con lluvias torrenciales y el aporreo de sus truenos.

La discrepancia entre la política distorsionada y los paisajes encantadores inunda a menudo mi memoria más profunda. Ahora soy hija adoptiva de una nueva tierra, los Estados Unidos de América, pero de vez en cuando, mi tierra natal, Nicaragua, llama a mi puerta y me suplica que no la olvide, como si de un día para otro su esplendor natural pudiera dejar de existir. Papá, cuyas raíces siguen varadas en esta tierra, me recuerda mi primer hogar. "Una vez que te casas con la tierra nicaragüense, nunca te es concedido el divorcio", admitió con orgullo un día mientras aspiraba el aroma de la tierra húmeda mientras cavaba un hoyo con su dedo corto y robusto en el suelo reblandecido. Mientras plantaba una nueva semilla, me uní a él en su rutina de reforestación, pues cada vez que desbrozaba la tierra para hacer sitio a sus campos de cultivo, era consciente de la necesidad de mantener los bosques lo más vírgenes posible.

"Tenemos muchos árboles, papá. ¿Por qué plantas más?".

"Nunca hay suficiente", explicó pacientemente mientras inspeccionaba su entorno con aparente pena. "Ya he contribuido bastante al daño haciendo sitio para los cultivos y nuestro ganado, pero nunca es demasiado tarde".

Papá amaba la tierra que pisaba; nadie podía culparle por amarla así. La misma tierra cautivadora que inspiró a su hijo Rubén Darío, el padre del modernismo. En 1916, desplegó sus alas por el mundo y regresó sólo para descansar eternamente bajo el suelo de su patria.

Innegablemente, el hechizo de la tierra hacía que sus ciudadanos, maltratados por la guerra, la abandonaran. Arraigados en los bosques como papá, tras la desposesión de sus tierras, muchos se arriesgaron a perder la vida o, peor aún, a entregar la virginidad de sus hijas. Huyeron de su tierra natal, Nicaragua, y se convirtieron en exiliados en territorios desconocidos. Y en momentos de angustia, después de convertirse en extranjeros en otros países, no cabe duda de que muchas veces llegaron a odiarse a sí mismos por amar tanto a Nicaragua. De alguna manera, como civiles provincianos, la trampa de la política distorsionada nos enredó, y como resultado la tierra y la lucha por mantener a nuestra familia unida tuvo un alto precio.

3

Cómo se desarrolla un destino...

Déjenme contarles una historia del pasado, porque el presente no existiría sin él. Quizás, si el padre del Frente Sandinista, el general Augusto César Sandino, el hombre cuyo rostro está pintado en las húmedas paredes nicaragüenses y cuyo fantasma aún recorre sus calles llenas de baches, hubiera permitido que mi abuelo materno, abuelo Lalo, muriera aquel día de niebla y que mamá y papá no se hubieran casado, mi destino habría sido distinto. Sin duda, una de las leyes de la vida es que aprendemos dónde y cuándo nacemos, pero no cómo, cuándo ni dónde moriremos.

Ileana, 2 años, con Francisco

Mi historia comenzó antes de mi nacimiento. Era 1933. En ese momento, mamá aún no había nacido, pero mi joven tío Germán, tembloroso como un ciervo, estaba sentado sobre el suelo húmedo, presenciando la posible ejecución de su padre. Uno de los hombres de confianza del general tenía una disputa personal con el hombre que luego sería mi abuelo y estaba decidido a deshacerse de él, de la misma manera que despejaba su camino por la selva, usando sólo un machete desafilado.

Desafortunadamente para mi abuelo, un hombre conocido por su piel oscura, postura lánguida, estatura superior a la media y porte recto, su muerte no iba a ser rápida, como cabría esperar de un disparo directo a la cabeza. Su agresor quería que sufriera; planeaba cortarle la cabeza o el cuello, tal vez ambos, dependiendo de la ternura de la piel del abuelo o del filo del machete desafilado. Mi tío Germán nunca olvidó al hombre. Pedrón Altamirano era su nombre. Era un asesino conocido que eliminaba cualquier cosa en su camino, pero justo cuando Pedrón comenzaba a afianzar sus pies en el suelo, otro soldado llegó: nada menos que la mano derecha del general Sandino, José Rosa Irías.

"¡Déjame a ese hombre a mí!", exclamó.

"¿Por qué debería dejártelo a ti? Voy a matarlo", respondió Pedrón.

La gente solía decir que José Rosa Irías era el único que portaba un rifle, aparte del general Sandino. Entonces, apuntando el rifle hacia Pedrón, ordenó la liberación de mi abuelo.

"Si no me lo dejas, este será tu fin", añadió José Rosa mientras apuntaba el rifle a la cabeza de Pedrón.

Los hombres estaban a punto de enfrentarse cuando, de repente, apareció un hombre conocido como el general de los Hombres, Augusto César Sandino, montado en un hermoso caballo, con un sombrero de vaquero, botas de cordones altos y un rifle. Ese día, el joven general cabalgaba con su encantadora esposa, Blanca Aráuz, telegrafista y pariente de la familia de mi padre. El general Sandino luego se convirtió en un héroe nacional conocido por su valentía. Luchó con un ejército de campesinos contra la intervención de Estados Unidos en Nicaragua durante el régimen de Somoza. Deseaba que Nicaragua disfrutara de los frutos de la paz y la democracia, pero luego fue asesinado por la Guardia Nacional de Somoza cuando se dirigía a firmar un tratado de paz, asegurando su residencia eterna en Nicaragua como mártir entre las paredes pintadas y húmedas del país.

Molesto por lo que encontró y al ver a un niño apesadumbrado aferrado a un cedro real, el propio general Sandino apuntó a Pedrón con su rifle largo y exigió la liberación inmediata de abuelo. Sin dudar, abuelo levantó a su hijo del suelo húmedo, asintió en agradecimiento al joven general y poco después trasladó a su familia lejos del bosque. Sin duda, el general salvó la vida de abuelo ese día, y le estoy agradecida por ello. Durante muchos años, la ironía de ese día resonó en mi mente, y cada vez que oía esta historia, sabía que estaba destinada a que yo naciera. Gracias a ese día sombrío, como diría el abuelo, el general Sandino aseguró el nacimiento de mamá, y luego el mío. También se señaló que el general pudo haber tenido nobles intenciones para el país. Sin embargo, después de su muerte, las pesadillas que siguieron no fueron simples terrores nocturnos, sino del tipo que te hace desear no haber nacido nunca.

"No estaba destinado a morir ese día, pero seguro que hay muchas formas diferentes de matar a un hombre", solía decir abuelo al repetir su historia.

No comprendía el verdadero significado de su historia entonces. Para mí, una persona o estaba viva y animada, o muerta y olvidada. Abuelo disfrutó muchos años más en compañía de su esposa, abuela Chunita, mi abuela materna. Era una mujer menuda, de piel clara y una católica romana ejemplar cuyo único objetivo era purificar su alma para asegurarse la paz eterna en el cielo. Por eso, permitió que su cuerpo concibiera tantos hijos como le concediera el Señor. Lamentablemente, sus primeros diez embarazos resultaron en abortos involuntarios. Sin embargo, abuela no se rindió y siguió rezando al Señor para tener más hijos hasta que finalmente su vientre retuvo a los últimos cinco, siendo mamá la última niña.

4

Veranos eternos

Una vez, una noche de verano, hubo luz de luna y una suave serenata, hipnotizando mi mundo y acariciando mi paisaje. "Los buenos recuerdos deben pesar más que los malos", decían a menudo los ancianos. Además, me resulta más fácil guiarte a través de esta lectura si continúo con los tiempos joviales, los que me mantuvieron en pie y me recordaron que la esperanza es lo último que se debe de perder. Los recuerdos de los veranos eternos en la finca de mis padres comenzaron en 1978 y aún perduran en mi mente, como si el ayer siguiera siendo hoy.

Ileana, montando a caballo en la finca.

Una vez terminado el curso escolar de mis hermanos, nos preparamos para un retiro muy esperado en la finca. Junto a la carretera, siempre nos esperaba mi apuesto papá, sosteniendo los caballos para que montáramos. Su rostro coqueto tenía una sonrisa irresistible de labios finos y curvilíneos que hacía que mamá casi cayera de rodillas. Por supuesto, no lo admitía, pero yo comprendía sus sentimientos porque yo también lo amaba inmensamente. La finca parecía otro mundo. Cuando comenzamos a recorrer el bosque, mamá y yo sentimos la serenidad que solo la naturaleza podía proporcionar.

Nuestros pulmones se llenaban del abundante oxígeno suministrado por las infinitas variedades de plantas y árboles, mimando nuestros ojos con vistas de exóticos paisajes a nuestra disposición. A medida que las enfermedades y las preocupaciones se desvanecían, galopábamos sobre nuestros caballos y nos deleitábamos con cremosas y dulces frutas de mamey compradas en el último puesto de fruta en la carretera. Daba vueltas y pasaba junto a mamá varias veces con mi joven caballo Lucero, y finalmente esperaba a que me alcanzara con su viejo e incansable Clydesdale. No me cabía duda de que mamá y su caballo estaban hechos el uno para el otro. Se arriesgaban lo mínimo y aprovechaban cada segundo para subir a nuestra casa en la montaña. Esperar a que nos alcanzaran era angustioso, ya que mamá necesitaba varios descansos, y yo apenas podía esperar para reunirme con mis amigos animales y el entorno salvaje. Descansábamos en una colina cerca del bosque que dominaba la finca y nuestra casa de madera a medida que nos acercábamos.

Con los binoculares de papá, pudimos ver la casa de madera sostenida por pilares de caoba, a nuestros perros Ladrón y Misuterrí vigilando la casa y a las vacas pastando. También pudimos ver a Lucrecia, la criada de papá, dando de comer a los cerdos. Al mismo tiempo, su padre, don Cito, estaba sentado fuera en un taburete de madera, disfrutando de un puro de hoja de tabaco hecho en casa, con su boca reseca apretando el puro con placer. Incluso pudimos ver a las gallinas picoteando alrededor de los cafetales rojos como manzanas, gansos blancos cerca del estanque y los huertos favoritos de mamá: árboles frutales cargados de cremosos aguacates, jugosos cítricos y una gran variedad de plátanos endulzados por el sol. La acogedora cabaña aparecía silenciosa y aislada, esperando a que la llenáramos con nuestros sueños y aventuras temerarias.

Me dolían las piernas, cansadas por el largo viaje a caballo; pero nos apresurábamos a entrar en la primera casa ocupada por la granjera y sus dos hijos, Santos y Chacho —también mis medios hermanos—. Al llegar, Lucrecia nos recibía con una tímida sonrisa. Parecía eternamente joven; su larga melena negra le llegaba a la cintura, y su piel morena, excepto en las manos, seguía rolliza y radiante. Lo único que revelaba el paso del tiempo eran sus manos secas y quebradizas, dañadas por el fregado diario de la ropa, la molienda del maíz en una piedra y el pinzado de las tortillas hechas para desayunar, comer y cenar. Los cortes de espinas en sus manos revelaban que también había cortado leña para el crepitante fuego que a menudo hipnotizaba mis sentidos.

Lucrecia estaba contenta de tenernos de vuelta, ya que rara vez se relacionaba con nadie más que con los animales de la finca. Nos sirvió frijoles rojos calientes cocidos en una olla de barro, con sabor a tierra, queso fresco del ordeño de la mañana y tortillas de maíz para la cena. Después de charlar con sus hijos e intercambiar historias de aventuras mientras masticábamos caña de azúcar, nos dirigimos a nuestra antigua casa y ayudamos a mamá a quitar el polvo de la cama y a comprobar si había chinches. Papá trajo rápidamente leña para la estufa, hecha de adobe y piedras de río. Mamá recogió la ceniza que quedaba de nuestra última visita. Me sentía en casa; la inquietud que me producían el entorno salvaje y las ratas que comían los tallos de maíz de nuestro almacén de cosechas se sumaba a la sensación de felicidad de la vida en la finca.

"¡BAM, BAM, un ratón!", gritaba mamá mientras golpeaba a una rata con sobrepeso con una escoba.

"¡Ya!", dijo papá mientras la pisaba con fuerza con sus pesadas botas, hasta que la larga cola desnuda y rosada de la rata dejó de moverse. Ver a la rata exhalar su último suspiro me revolvió el estómago, a pesar de lo natural que fuera este hecho en la finca. Si existe una resolución, la mía fue aceptar la realidad en la finca. No pude acostumbrarme a la matanza de animales, como tampoco pude controlar los escalofríos que me producían algunos de ellos: Vacas de cuernos largos, durmiendo con sus grandes ojos abiertos, en perpetuo estado de vigilancia; serpientes deslizándose bajo las hojas caídas, su presencia siempre representaba una escalofriante sorpresa; y telarañas por todos lados, un constante recordatorio de lo invisible.

Cuando por fin mamá y papá se encontraban, se sentaban junto al fuego bebiendo café caliente, taza tras taza, hasta que la leña se consumía lentamente y las cálidas cenizas caían sobre las rocas del río. Esa noche no pude conciliar el sueño: la imagen de la cola moribunda de la rata seguía obsesionando mi mente y la disonancia de lo salvaje aumentaba mi ansiedad. Anhelaba este momento desde hacía tiempo, pero una vez allí, ya no sabía qué hacer. Mis hermanas Francisca y Socorro reían tras burlarse de los chicos con chistes, y los chicos nos asustaban a Benjamín y a mí con historias de lo salvaje.

"Era medianoche cuando el toro negro se mezcló con la oscuridad, sus ojos llameando en rojo, y olía a azufre...". Mi hermano Juan Carlos relataba mientras añadía sonidos malévolos a la fábula. Benjamín y yo nos asustamos, pero sucumbimos al sueño con la cabeza bajo la almohada y despertamos al día siguiente para saludar las frescas mañanas de la finca. Nuestra primera mañana pasó rápido mientras redescubríamos cada rincón del paisaje y revisábamos la vida silvestre. Mi hermano y yo molestábamos a las hormigas rojas en las colinas que siempre estaban ocupadas transportando trozos de hojas verdes.

Buscábamos serpientes con nuestros largos palos y preparábamos tarros vacíos para cazar luciérnagas por la noche. Luego, tras observar el pastoreo diario y el ordeño de más de cien reses, seguía a mi cariñoso y a veces engañoso hermano Benjamín, a quien seguían Santos y Chacho hasta el corral de los toros. En este lugar, las gallinas ponían huevos calientes en nidos armados en los arbustos que rodeaban el corral. También era el lugar de descanso del toro Brahman rojo favorito de papá; su gran joroba y la piel suelta le colgaban bajo el cuello. El corral estaba cercado con alambre de espino y vallas de postes de madera, saturado de estiércol de vaca y piedras esparcidas para evitar la erosión. No sé qué pasó por mi mente esa mañana al inicio de nuestra estancia, pero decidí meterme en problemas y caer en las burlas de mi hermano. Los chicos decidieron desafiarme con el toro mientras me miraban con sus ojos marrones y traviesos.

"Apostamos a que eres como una gallina y no cruzas el corral, coges un huevo del nido de gallinas y vuelves corriendo antes de que te persiga el toro", me retaron.

"No soy ninguna cobarde! Esa tonelada de carne tardará en alcanzarme", les aseguré, más preocupada por su persistente provocación. "¡Sólo mírenme!".

"¡No tienes que hacerlo!". Benjamín se retractó.

"¿Ahora te preocupas por mí? ¡Te mostraré quién es el gallina aquí!". Me burlé de él.

Me agaché para pasar por debajo de la alambrada mientras los chicos la sujetaban incrédulos. Luego me dirigí lentamente hacia el corral. Mis botas de agua se hundieron rápidamente en el suelo embarrado mientras el olor del pasto procesado y rancio, ahora convertido en estiércol, asaltaba mis fosas nasales. A lo lejos, el toro permanecía quieto, así que supuse que podría cruzar rápidamente, robar un huevo a una gallina y regresar antes de que el amenazador toro notara mi presencia. Me paseé por el corral de piedra y me esforcé por no alterar la paz del toro. Logré cruzar e incluso tuve tiempo de elegir entre los nidos de las gallinas. Recuperé un huevo caliente de una gallina, pero no sin pelea, ya que se enfadó conmigo y comenzó a cloquear. Puede que fuera ese cloqueo de alerta lo que estuvo a punto de convertir mi día en una tragedia.

"¡Atrás!", gritaron los chicos.

Benjamín dio un respingo, sujetándose la cabeza y mostrándose asustado hacia el toro. Miré hacia atrás para asegurarme de que el toro estaba lejos, pero enseguida me di cuenta de que ya no estaba en su sitio. El animal embistió contra mí furiosamente mientras su joroba y su piel suelta se movían de lado a lado.

"¡Socorro!", grité corriendo hacia mi hermano mientras intentaba desesperadamente dejar atrás al toro enfurecido.

Afortunadamente, escapé y me dirigí de nuevo hacia los chicos, que me gritaban que corriera aún más rápido. Apenas podía sentir el suelo mientras superaba el viento bajo mis pies. El huevo se me había ido de las manos, y notaba cómo mi cuerpo disminuía hasta el tamaño de una hormiga obrera a medida que el toro se acercaba más y más. En un momento dado, maldije la idea de ir al corral y deseé haberme quedado dentro de la casa bajo la seguridad del delantal de mamá. Venciendo a duras penas al toro rojo por lo que me parecieron unos pocos centímetros, llegué a la valla, donde mi hermano sostenía de nuevo el alambre de espino con el rostro sombrío y pálido.

"¡Deprisa, chigüina!", suplicó a pleno pulmón, tirando del resto de mi cuerpo hacia el otro lado de la valla. Luego, agarrada a mi hermano y con la vida pendiendo de un hilo, me quedé mirando al toro rojo que pasaba haciendo cabriolas.

"¡Ya estás bien, cabeza de pluma!", me regañó mi hermano. Sentía que mis piernas se movían sin control.

"¡No sé qué hizo enfadar tanto a ese toro! Tenía la boca llena de espuma blanca", dije.

"¡A los toros no les gustan los niños pequeños, especialmente las niñas!", añadió Chacho, riendo y mostrando unos dientes podridos.

"¡Ahora me lo cuentas!", le reproché, corriendo a casa a mamá.

53

"Esto no ha pasado nunca, o no te dejaremos volver a jugar con nosotros", amenazó Santos.

Mantuve en secreto nuestra aventura con el toro, pues sabía que, si hubiera dicho algo, nos habrían dejado marcas de cuero en la espalda, y como me negaría a aceptar el castigo, habría recibido aún más golpes. Decidí no mencionarlo, pues aún sentía el escozor de mi última paliza por desobediencia. Al amanecer, el cielo cercano al horizonte se transformó en una paleta de tonos rojos, naranjas y amarillos, anunciando la retirada del sol a medida que descendía lentamente, y el cielo se convertía en una cortina de densa niebla o de hipnotizantes noches estrelladas de verano.

De niña, me parecía que los momentos más inolvidables en la naturaleza sucedían cuando se retiraba el sol. Las noches de verano eran cortas, iluminadas por la luna llena más cautivadora y brillante. Los senderos nocturnos eran tan visibles como a la luz del día. Todas las criaturas del bosque, desde los búhos hasta los perezosos, parecían celebrar aquellas resplandecientes noches estrelladas de verano.

Salta una rana; salta de dos en dos, quizás podás contar más de dos, canturreé, casi pisando ranas de coquetos destellos, cuando se unían a la rima de la fauna. Además, iba por ahí capturando todas las luciérnagas que podía con mi tarro de plástico vacío, sólo para despertar la mañana siguiente y ver que sus luces se habían apagado para siempre.

Una gran colina se cernía sobre nuestra casa. Subía a la cima y descansaba antes de bajar rodando. La colina estaba justo debajo de otras más altas que albergaban el bosque nuboso, y a menudo me preguntaba a qué distancia estaba realmente la luna. Mirando directamente a su deslumbrante luz, a veces podía ver la forma de un conejo sentado sobre ella; otras veces, la misma criatura parecía un lobo. Me tumbaba en la hierba, dejándome llevar a un mundo lleno de maravillas, cuando de repente unas risitas me devolvían a la realidad, y pronto me daba cuenta de que la luna tenía efectos diferentes en los demás.

"Detén tu locura", exigió Francisca, mientras Julio, un admirador de una finca local, tocaba una serenata con su guitarra de cuerdas de nailon.

Iluminada por el resplandor de la luna, mi hermosa hermana se sentó en la colina cubierta de hierba. La luz bañaba su rostro redondo, su piel suave, su largo cabello oscuro y sus grandes ojos marrones verdosos. Pensé que su admirador podría babear mientras tocaba la guitarra y le cantaba, dirigiéndole la típica mirada de conquistador de un amante español, cuyo corazón podría detenerse si su conquista no se cumplía. El concentrado y embriagador aroma de su colonia 7-Machos penetró en mis fosas nasales mientras el viento lo llevaba hacia mí. Me di cuenta de que había dedicado unos minutos a prepararse para su conquista, peinando su cabello hacia atrás y untándolo con pomada. Aunque Francisca disfrutaba del cortejo, pasaba la mayor parte del tiempo soñando con su futuro y creando tratamientos caseros para la piel con los que asegurarse una belleza infinita: agua de rosas para relajar la piel, agua fría para hacer el cabello más brillante, y aguacate, sal y aceite de oliva para hidratar y exfoliar su ya flexible piel. Sus objetivos futuros podrían haber sido ser la más encantadora de todas las mujeres, y quizás ir a la universidad o convertirse en una influyente mujer de negocios.

"¡Ya es hora de dormir, muchachos!", llamó mamá, interrumpiendo nuestros sueños de verano.

Era hora de que se marcharan todos los visitantes y de que nos fuéramos a dormir. Todos entramos en la casa, lloriqueando y jadeando. Mamá nos recibió con el cálido aroma del pan marquesote y el alimento de la leche fresca, asegurándonos, como siempre, sueños celestiales. Construida como uno de los regalos de la naturaleza, la casa de troncos de la finca de papá reinaba en medio del bosque. Las habitaciones eran pequeñas pero acogedoras; la cocina estaba equipada sencillamente con un largo trozo de la codiciada madera de Granadillo, usada como pila para lavar los platos y moler las cosechas, y una estufa de leña de piedra. Papá construyó la casa de labranza con sus propias manos, utilizando únicamente troncos robustos extraídos de los verdes bosques, hogar de árboles, pastos y criaturas cuyo pelo y piel se iluminaban con las impresionantes puestas de sol, la luz de la luna y las luciérnagas.

La modesta casa de madera era lo único civilizado en el paisaje. Al igual que nuestra casa en la Ciudad de la Niebla, esta también atraía todos los sentidos con su variedad de flores aromáticas, paisajes pintorescos y, a su alcance, huertos de hierbas y verduras. Sin embargo, las flores de la finca eran silvestres, y sólo eran domadas por el pulgar verde de mamá, que nunca dejaba de hacer que todo luciera lo mejor posible. A veces me parecía que los perros habían sido acicalados, a los caballos les habían limpiado los dientes, y los cerdos sabían no sonreír con sus bocas sucias. A mi corta edad, sólo podía soñar con crecer deprisa para poder escuchar serenatas y recibir regalos como mis dos hermanas mayores. Tal vez algún día — pensaba— yo también podría recibir una serenata.

Eran tiempos de sueños, esperanzas y diversiones inocentes. Estos son los episodios de nuestra vida que vienen a visitarme de vez en cuando a través del follaje de mis recuerdos y de los relatos de mamá. Había tanto que hacer, disfrutar y descubrir. Algunas de mis actividades favoritas en la finca eran montar a caballo y chantajear a mis hermanas y sus novios a cambio de jugosos chicles y el privilegio de escuchar sus conversaciones de adultos. Una tarde, mamá me regañó para que me marchara: "¡Vete a jugar!", exigió, molesta por mi mera presencia. De mala gana, me quedé en la esquina de la cocina, escuchando lo que sería una interminable discusión entre mis padres. No me marché como me habían ordenado, sino que arrastré a mi muñeca por el pelo y fingí jugar con ella.

"¿Qué gracia tiene jugar con una muñeca inútil, si en vez de eso puedo escucharlos?", refunfuñé.

"Ya llegará tu hora", aseguró mamá, asomándose a la esquina como si siempre hubiera sabido que yo estaba allí.

"No apresures la vida, Ileana; sólo recuerda que ni siquiera las hojas de los árboles se mueven sin la voluntad de Dios".

Molesta, me retiré a la cama, ignorando lo que quería decir y ansiosa por el canto del gallo que anunciara el comienzo de un nuevo día para poder perseguir a papá por la mañana. Siempre lista y la primera en levantarme. Conocía al dedillo la rutina de papá: primero los pantalones, luego la cartera, el cuchillo y las botas de agua, y por último la camisa y la chaqueta vaquera. Todas las noches, antes de acostarse, dejaba la ropa en el orden en que se la pondría al día siguiente.

"Siempre hay que estar listo para vestirse y correr. Nunca se sabe cuándo puede caer un rayo", había dicho una vez.

Confundida, pregunté: "¿Un rayo? ¿Qué diferencia habría si nos cayera con la ropa puesta?".

Reaccionando ante mí con su sonrisa juguetona, respondió: "Espero que nunca te enteres".

Finalmente, al cabo de un rato, mis continuas indagaciones pusieron a prueba su paciencia, y me ordenó que ayudara a mamá en la cocina. Mis hermanos deberían haber ocupado mi lugar allí, pero los retos de levantarse temprano eran demasiado para ellos.

"¡Despierten, hombres!". Los regañó papá, "¡Despierten!".

Hacía falta un ejército iracundo para despertarlos. Preferían domar libros en lugar de caballos y vestir pantalones de poliéster en lugar de vaqueros Levi. Sus sueños no eran administrar la humilde finca de papá, sino domar nunchakus y vivir increíbles aventuras de acción en Hollywood, como se veían en la televisión. Los pósters de Bruce Lee y Chuck Norris expuestos en sus habitaciones revelaban con descaro su carácter irreverente y soñador.

"¿Qué he hecho yo para merecer esto? ¿Cómo es posible que de tantos chigüines no tenga ninguno que me siga?", se lamentaba a menudo papá.

"Estoy aquí, papá", le ofrecí.

Papá se alejó conmigo a su lado, sin pronunciar palabra. Más tarde, sonriendo, me subió a sus hombros, llevándome hasta nuestros caballos mientras ensillábamos lo que sería otro espléndido día de verano. No estoy segura de qué hizo de la finca mi paraíso más querido. Tal vez fueran los misterios de la selva, los tímidos animales exóticos tan difíciles de ver que, cuando divisaba alguno, me parecía milagroso, o tal vez fuera el sonido de los monos aulladores que rompía la sencillez de la vida. Era un lugar para escapar del ajetreo de la vida cotidiana y de las conspiraciones de la sociedad. Los rumores de una dinastía abusiva y la ira de la rebelión izquierdista no parecían contaminar la belleza y la tranquilidad del solemne paisaje. No había fronteras a la vista; el horizonte parecía no tener principio ni fin. La finca cercada por el bosque era el lugar ideal, donde una niña de espíritu libre como yo podía vagar fácilmente todo el día y no pasar desapercibida.

Cuando regresaba con papá de sus sensacionales aventuras, me paseaba alegremente por los campos y huertos de la plantación. Un día me enredé en sus deliciosas maravillas. La electricidad no llegaba a la finca, por lo que no teníamos refrigeración. Por lo tanto, la finca era un lugar autosuficiente donde todo procedía directamente de la tierra. Los numerosos campos ofrecían plátanos ecológicos madurados al sol de muchas variedades: los plátanos miniaturas, mis favoritos, el café más dulce y robusto, y la dulce caña de azúcar. Los huertos también proporcionaban otras frutas y verduras, como naranjas, limas, guayaba, guanábana, mamey, calabaza, judías y maíz.

Durante mis exploraciones diarias, comía plátanos madurados al sol que estaban a mi alcance y chupaba granos de café rojo también endulzados por el sol. Cuando terminaba, volvía a casa; pero un día, pisando imprudentemente palos y hojas, me di cuenta de un rápido movimiento bajo la alfombra de hojas secas, a pocos centímetros de mis pies. En ese momento debería haberme comportado con la cautela que mis padres habían intentado inculcarme, pero en lugar de eso, la picazón de la curiosidad por lo desconocido me impulsó a coger un palo largo y descubrir a la misteriosa criatura que yacía oculta. Un deslumbrante pelaje de colores brillantes se reveló con hipnotizantes anillos negros y rojos, mientras una cautivadora serpiente se deslizaba furiosa por el suelo.

Qué encantadora, pensé, incapaz de dejar de admirarla. La veloz serpiente amenazó hacia mí cuando invadí su territorio. Rápida e instintivamente salté sobre ella con mis botas de agua altas y decidí huir.

"¡Papá!", grité acercándome a él, que estaba trabajando cerca de casa. "¡No vas a creer la culebra tan bonita que he descubierto bajo las hojas caídas!".

"¿De qué tipo?", preguntó.

"Una culebra anillada roja y negra, papá".

Papá se enfadó. "No vuelvas a acercarte a una serpiente venenosa. Parece una serpiente rey coral. Si te hubiera mordido, no estarías contando la historia", explicó nervioso. Al parecer, no era el momento de abandonar mi precioso mundo. Agitada por los latidos acelerados de mi corazón al chupar granos de café dulces y rojos, decidí convencer de nuevo a papá para que me llevara a otra experiencia llena de adrenalina por la tarde.

"¡Vamos a cabalgar, papá!", sugerí, ignorando su reciente retórica. Deseosa de galopar con mi caballo castaño Lucero, le rogué a papá que lo preparara para mí.

"Adelante", cedió finalmente, "sólo ten cuidado de no saltar sobre ningún árbol caído que haya dejado la tormenta".

Le aseguré que no lo haría. Prometiendo sólo pasear el caballo, me dirigí hacia una zona recientemente aplanada y arada por los bueyes de papá con un arado de madera, pero la libertad en mi mente inocente implicaba montar aquel caballo marrón y explorar el bosque, adornado con hierbas silvestres y flores sin fin a la vista. El abrazo de la selva virgen y sus manantiales de agua libre sólo me satisfacían; su llamada se hizo demasiado tentadora.

No recuerdo exactamente cuánto pesaba entonces, pero, dado que me estaba convirtiendo en una niña muy delgada, debía de pesar sólo unas setenta libras; creo que el caballo se olvidó de que yo lo montaba. Lucero comenzó a galopar rápidamente, haciendo que me costara abrir los ojos. La brisa del viento resonaba en mis oídos; los latidos de mi corazón aumentaban con inquieta excitación, y nada importaba más que la alegría que sentía en aquel momento. Confiando únicamente en el instinto, me dejé llevar por el caballo, levanté la cabeza, apreté las manos en las riendas, las piernas en la silla, y le dejé ir salvaje e indómito, como Dios quería que fuera. El éxtasis del momento superó cualquier juicio apropiado. Hasta que la frenética voz de mi padre interrumpió mi jolgorio.

"Detén ese caballo", exigió papá.

Giré la cabeza y allí estaba, persiguiéndome con urgencia. Pero antes de que pudiera reaccionar, se abalanzó sobre mi caballo, justo antes de que saltara por encima de una profunda zanja, donde había un estanque alimentado por un manantial que burbujeaba del suelo. Sin saber lo que acababa de ocurrir, mi atención se desvió de repente hacia el estanque. En su superficie crecían nenúfares; flores de cala y algunas orquídeas se escondían en las sombras. Me entró sed por el agua fresca y chispeante que brotaba del manantial. Y una vez más, papá interrumpió bruscamente mi ensoñación.

"Estoy cansado. ¡Ya no montarás a caballo!".

Me sentí descorazonada por haberle causado tanta preocupación, pero aquellos momentos corriendo sobre Lucero me produjeron sensaciones que no mucha gente encuentra en su vida. La adicción instantánea a la libertad, una libertad maravillosamente palpitante tan escasa en la vida, me hizo palpitar el corazón y cambió para siempre mi forma de ser. ¡Qué sutil, qué dulce y a la vez tan frágil puede ser la libertad! Me había sentido como si el mundo me perteneciera, sin límites ni reglas que seguir. Durante ese breve instante, sólo éramos mi caballo, el viento y yo. Fue entonces cuando, soñando con mi salvaje cabalgata, di la bienvenida a otra noche, a más luz de luna y a otra serenata.

Luna que se quiebra sobre las tinieblas de mi soledad. Que vuelva ya. Dile que la quiero, dile que la extraño....

Esta melodía fue la serenata de muchas noches en las que los jóvenes intentaban desesperadamente conquistar el corazón de mis hermanas. Cuando se corrió la voz de que habíamos llegado a la finca, las noches se volvieron casi tan ajetreadas como los días. Los jóvenes pedían hablar con mis hermanas, con la esperanza de declarar una victoria romántica. Mis hermanos decidían a quién admitían, mediante concursos de pulsos y apuestas, ya que era la mejor táctica que podían conjurar para filtrar a los débiles. Como parte del combate, cada orgulloso pretendiente demostró su destreza con la guitarra en lo que se convirtió en una larga noche llena de canciones románticas y combates cuerpo a cuerpo.

Juan Carlos exhibió sus sobrecargados músculos *nunchuck* al derrotar a su amigo Julio en un combate cuerpo a cuerpo, sus hoyuelos se profundizaron con satisfacción. Francisco exhibió sus habilidades con la guitarra de cuerdas de nailon mientras cantaba junto a su amigo Bronco, sus dedos flacos acariciaban los acordes con considerable precisión. En una mesa iluminada por un farol, Ramón se concentraba profundamente en la siguiente baraja para los billetes de cinco córdobas que convocaban su nombre. Mis hermanas Francisca y Socorro observaban y animaban a quien ganaba las atrevidas partidas. Benjamín se colgó de los hombros de Bronco y, tras suplicar que me dieran un chicle, me retiré a la cocina para preguntar por los apaños de mamá para la cena.

De vuelta a la cocina, ajena a lo que ocurría en la sala principal, mamá preparaba y probaba sus alubias hervidas favoritas y la sopa de armadillo recién matado, asegurándose de que cada bocado fuera exquisitamente perfecto. El desafortunado armadillo llegó a la finca para robar gallinas y acabó en nuestros platos. Tal era el destino habitual de los animales que cruzaban nuestra finca: ciervo para cenar, zorrillo para comer, y sopa de ave para el febril escalofrío del resfriado común. Si un animal comestible deambulaba por nuestra finca en un día hambriento, reunía los requisitos para un boleto de primera clase a nuestra mesa.

Sin inmutarse por el temblor de la carne al cortarla, aunque el armadillo ya estaba muerto, mamá añadió una pizca o dos de menta fresca y salvia, y preparó su plato gourmet lenta y vigilantemente. Observando con nerviosismo y una repentina pérdida de apetito, seguí a mamá hasta la mesa del comedor. Deseé que otros armadillos se volvieran más listos y no permitieran que el poderío de papá les pillara desprevenidos. Con un delantal de flores y recogiéndose el pelo en una coleta, mamá sirvió la cena a todos. Le hizo señas a papá para que se acercara a la mesa, pero él hizo caso omiso y siguió sentado en su mecedora de madera favorita, releyendo su viejo almanaque. Entonces mamá le dio un golpecito en el hombro con severa determinación y le insistió una vez más a que se sentara a la mesa con nosotros. Papá colocó el almanaque boca abajo en la silla, se acercó a la mesa con su típico aspecto fatigado, se sentó en la silla principal con vistas a todos y directamente frente a mamá. Una gran, aunque sutil distancia entre ellos se hizo evidente mientras todos comían y hablaban en voz baja.

Sentadas a los lados de la mesa estaban mis hermanas, coqueteando discretamente con sus amigos, y mis hermanos, desafiando con picardía a los chicos a un partido más tarde. Mi hermano Benjamín, el menor de los chicos, se sentó junto a papá y yo junto a mamá, preguntándome qué pasaba entre mis padres. Aquella noche todos daban la impresión de habérselo pasado fabulosamente bien, excepto mis padres. Tras horas de divertidos juegos, canciones, chupar palitos de caña y despedirnos de los pretendientes de mis hermanas, nos fuimos a dormir. Mis padres no. Incapaz de dormir por el silencio de mis padres, me escabullí por el pasillo para escuchar su conversación. Me temblaban las rodillas al cruzar el oscuro pasillo lleno de tallos de maíz y ratas demasiado alimentadas, pero mi curiosidad dominaba por encima de todo.

"Sinvergüenza, déjame en paz", exigió mamá mientras papá intentaba rodear su delgada cintura con sus peludos brazos.

"¿Qué te pasa, te has vuelto loca?", preguntó papá.

"¿Pudiste arreglar la valla rota otra vez?", le reprochó mamá.

"Un hombre tiene que hacer lo que debe", agrego papá.

"Que alguien que no te conoce lo suficiente te compre por un peso, viejo zorro", le reprochó una vez más, apartándole y señalando una marca amoratada en el cuello.

"¡Loca!", la llamó mientras se alejaba.

"¡La próxima vez, asegúrate de ahogarte en el río antes de poner un pie en esta casa de esta manera!", añadió mamá.

Mamá siempre parecía tener la última palabra. Entonces mamá empezó a llorar en silencio en lo que creía que era su única desesperación. Se sentó en una silla, presionando su estómago y, por primera vez, vi a mamá sufrir un dolor serio. Su piel parecía translúcida, su cintura más delgada y su pelo menos lustroso. Me escondí detrás de los tallos de maíz del pasillo, confundida y preocupada por mamá, que sufría mucho. La imagen que había presenciado me persiguió durante un rato, hasta que finalmente tuve el valor de ir al brazo de mamá y ofrecerle consuelo, mis lagrimas escapaban junto a las de ella.

"Ven, mi niña", me llamó mamá, besándome la frente y limpiando mis lagrimas con su dedo fino y delicado.

"Mamá, puedo quedarme a rezar contigo si quieres", le ofrecí.

"Toma, sujeta cada perla del rosario con los dedos pulgar e índice mientras pasas a la siguiente cuenta mientras rezamos", instruyó mamá, mientras se aferraba a un crucifijo dorado, se persignaba y recitaba el Credo de los Apóstoles.

Mamá continuó rezando el Padrenuestro, aferrada a la cuenta grande del rosario. Mi tarea era simplemente rezar un Avemaría por la fe, la caridad y la esperanza, sosteniendo cada una de las tres cuentas pequeñas, recitar el Gloria al Padre después de la tercera Avemaría, recordar el primer Misterio del Rosario y rezar de nuevo el Padrenuestro en la siguiente cuenta grande. Pero cuando llegamos al décimo Avemaría, empecé a perder la cuenta de las perlas, mientras mamá seguía recitando un Gloria al Padre y la oración de Fátima, reflexionando sobre el misterio.

La esperanza comenzó a llenar mi corazón cuando nos acercamos al quinto misterio, con el que normalmente concluye el rosario. Mamá, sin embargo, continuó con otro Avemaría, Reina Santa, intenciones al Padre Santo, y un último Avemaría, hasta que mis ojos empezaron a desviarse hacia el brillo de su rosario, que parecía holístico por la luz del fuego reflejada en cada cuenta, formando un arcoíris de colores celestiales. Al cabo de un rato, mis dedos se escapaban de las cuentas nacaradas, y el rosario se convirtió en penitencia, ya que apenas podía evitar que se me cerraran los ojos y la somnolencia comenzaba a pesar sobre mí, pues cada vez que abría los ojos para seguir rezando, mi corazón casi se agitaba en mi pecho. Al final perdí la cuenta de las perlas, pero seguí aferrándome a ellas diligentemente, mientras mamá amenazaba con empezar de nuevo y cantaba una canción que sabía que me mantendría despierta.

"*El demonio al oído te está diciendo, dejá misas y rosarios, seguí durmiendo...*", cantaba mamá con tono burlón.

La canción decía que el diablo me instruía al oído a dejar las misas y los rosarios y seguir durmiendo. Por lo tanto, insistí en deslizar las cuentas entre el índice y el pulgar, hasta que finalmente el diablo logró dormirme. Finalmente, mamá y papá también se acostaron, cada uno de espaldas al otro. Los fuertes ronquidos de papá se unieron al canto de las ranas. Mucho más tarde, me desperté con los sonidos de las serenatas de amor que habían traído los pretendientes de mis hermanas. Bajo la persuasión de la luz de la luna y la sinfonía de la vida salvaje, el cortejo continuaba mientras los jóvenes, que se habían ido a casa, pero volvieron, tocaban sus guitarras y cantaban melodías románticas fuera de las habitaciones de mis hermanas.

Mientras mis padres dormían, yo fui en silencio a ver el alboroto. Francisca, que siempre era la primera en levantarse cuando oía cantar a los jóvenes a altas horas de la noche, se peinaba su larga melena negra y asomaba su hermoso rostro por la ventana. A Socorro, en cambio, le encantaba dormir, y si sentía que necesitaba que su belleza descansara, seguía durmiendo. De lo contrario, ella también se levantaba de la cama, y se miraba rápidamente al espejo, quitándose el pasador del pelo, y dejando que su ondulado cabello descansara sobre su delgada cintura. Bostezando, y un poco molesta, abrió la ventana y se llevó las manos a la cara mientras escuchaba con aparente desinterés. Sabía que los aspirantes a príncipes no se irían hasta que ella reconociera su presencia.

Mientras tanto, yo estaba impaciente por crecer. Seguía bebiendo leche y enjuagándome el pelo con agua de manzanilla para ser tan deseada como mis hermanas. Así, cuando alguien me cantara una serenata, me iría a dormir, dispuesta a despertarme con esas canciones de amor. Mientras tanto, sólo practicaba mirando por la ventana como ellas.

"Ven a la cama", me interrumpió mamá. Me encontró mirando por la ventana, con una expresión de fingido enamoramiento en el rostro.

"No hay prisa por ocuparse de esos. Todo llega a su tiempo", añadió.

Mamá me llevó a la cama, me besó y me dibujó la señal de la cruz en la frente con su pulgar derecho, por lo que sería la tercera vez esa noche. Esa noche soñé con interminables serenatas bajo la luz de la luna, todas para mí. Mis pretendientes traían melodías diferentes cada noche, y la luna se volvía más seductora y brillante con el tiempo.

A la mañana siguiente, continuaron las rutinas habituales. Pero esa mañana, mamá se levantó antes de lo habitual. Llevaba en la cintura una vieja cesta tejida y parecía más delgada que el día anterior, la colocó a su lado y comenzó a fregar la ropa en una piedra con jabón casero de cerdo y agua de la fuente. Mis ojos se llenaron de miedo cuando el agua se tiñó de rojo por los trapos que mamá fregaba con tanta diligencia. Mamá parecía enferma y los trapos eran interminables. No sabía por qué eran de ese color, pero sabía que la piel pálida de mamá tenía algo que ver. Después de fregar los trapos con apresurada desesperación, mamá comenzó a colgarlos en un tendedero que papá le tendió. Corrí hacia ella cuando su cuerpo se ablandó y mamá cayó al suelo.

"Mamá, ¿qué pasa?", grité con lágrimas en los ojos mientras pedía ayuda.

Papá se puso en marcha al primer canto del gallo, junto con todos los trabajadores de la finca. Lucrecia se disponía a moler el café y el maíz para las tortillas, pero salió corriendo ante mi llamada. Mis hermanas y hermanos durmieron hasta que el alboroto los despertó.

"Tu mamá necesita descansar y tomar más sopa de frijoles rojos para reponer la sangre perdida", explicó Lucrecia. Convencida de que la sopa de frijoles rojos era todo lo que mamá necesitaba, volví a salir, aún confusa, pero seguí colgando los trapos que quedaban para mamá. Más tarde, mamá se sometió a una histerectomía, y yo fui su última hija.

Yo siempre me levantaba antes que mis hermanos, con mis botas de agua si estaba mojado o con mis viejos zapatos de cuero y vaqueros azules. Prefería no llevar zapatos, pero mamá no lo permitía. Me colgaba de la valla para presenciar el pastoreo matutino de las vacas. Aquel día, sin embargo, cuando nuestras vacaciones tocaban a su fin, mis hermanas se despertaron mucho antes de lo habitual.

"¡Hoy es la fiesta de despedida!", exclamaron, "¡Arriba todos! Tenemos mucho que hacer".

Corrieron con sus toallas a las piscinas de los manantiales cercanos, se bañaron y estuvieron un buen rato jugando y nadando. Yo también me bañé, pero no por mucho tiempo, pues estaba convencida de que mi cuerpo "natural" estaba lo bastante limpio y no necesitaba mucho fregado.

"¡Ven acá, cochina!", se burló Francisca mientras tiraba y me restregaba fervorosamente con una bola de musgo y jabón de cerdo perfumado, al mismo tiempo que maldecía mi suciedad.

Había un estanque, misterioso y prohibido, que tenía una alfombra de hojas caídas. Los lugareños decían que, si pisabas esas hojas, el estanque te tragaba vivo. Molesta, con la piel irritada por el rudo trato de Francisca, metí los pies en ella mientras mis hermanos se unían a mis hermanas y se burlaban lanzándose unos a otros a las otras piscinas.

"¡Ay!", gritó Socorro, y todos corrieron en su ayuda. Se había deslizado en la peligrosa piscina, casi me derriba, pero apenas se aferró al borde.

"¡La tengo!". Juan Carlos la agarró rápidamente del brazo y la sacó de la piscina. Más tarde, Socorro juró que sintió un fuerte tirón cuando cayó al agua. Le tomamos la palabra.

Temblorosos, y ya sin tonterías, nos retiramos a casa, más conscientes y respetuosos del peligro tras el encanto del bosque. Los preparativos para la fiesta continuaron y mi hermano Benjamín y yo apenas podíamos esperar a que comenzara. Sabíamos que nos traería un surtido de golosinas que no podíamos disfrutar, pues tras el amable consejo de nuestro dentista familiar, mamá nos había puesto a ambos en una dieta estricta.

Nuestras papilas gustativas no podían saborear nada delicioso. Además, esperaba que siguiéramos tan poco razonable consejo. Injusto es el precio que debe pagar un niño inocente cuando las malvadas caries atacan los dientes. Decidida a disfrutar de algunas de las mejores cosas que la vida podía ofrecer, llevé a mi hermano a una dulce expedición, a pesar de las reglas de mamá.

"¡No te preocupes!", le aseguré a Benjamín. "Esta fiesta también es para nosotros, y tengo un plan para asegurarme de que formemos parte de ella".

Sintiéndome astuta, pensé que las rutinas ordinarias de los adultos eran sin duda las mejores amigas de los niños. Como siempre, la comida necesitaba mesas que la sostuvieran, y las mesas, largos manteles para decorarlas. Cuando empezó la fiesta, nos escondimos bajo las mesas para robar los alimentos prohibidos. La dulce indulgencia se prolongó durante lo que parecieron horas, hasta que nos vimos obligados a rendirnos debido al doloroso llanto de mi hermano por un insoportable dolor de estómago. El mantel se levantó y nos encontramos con la cara más amable, tierna y a la vez aterradora que puedas encontrarte:

la de mamá. Sacándonos de debajo de la mesa por las orejas, mamá nos mandó directamente a la cama.

Mientras mamá nos acompañaba al dormitorio, mis hermanas siguieron bailando con sus pretendientes y Francisca permitió que Branicio le robara un beso cuando salíamos de la habitación. Obligándonos a tragar una cucharada de leche de magnesia, mamá nos reprendió por nuestra brillante idea. Castigados o no, debo confesar que ¡disfruté cada bocado! Tuve que esperar pacientemente a que llegara mi hora. ¿Quién sabía qué sorpresas me esperaban? De nuevo soñé aquella noche con la esperanza de que algún día yo también me convertiría en una joven felizmente bendecida y cortejada como mis hermanas. Sería un futuro demasiado lejano para predecirlo, pero muy esperado por mí.

¡Quiquiriquí! ¡Quiquiriquí! El gallo cantó; eran las cinco de la mañana.

"Ya es hora", anunció mamá. Me acarició la cara con sus cálidos dedos, indicándome que había llegado la hora. Todo estaba listo; pronto sería hora de abandonar la finca, pero no sin antes vivir una aventura más.

Salí corriendo a despedirme de mi perro negro, Ladrón, mi mejor amigo de la infancia. Su lustroso pelaje brillaba, y su lengua entraba y salía de su boca mientras su cola me rogaba que jugáramos. Sin necesidad de más persuasión, corrí tan rápido como pude colina arriba y luego rodé colina abajo hasta que Ladrón aterrizó sobre mi cuerpo y me lamió la cara. Me encantaba mi perro, porque sabía proteger la finca y a sus seres queridos de huéspedes no invitados y depredadores salvajes.

"¡Ten cuidado con el perro diabólico!", advertía la gente. "Sus dientes son afilados como cuchillas; la verdadera imagen del diablo dispuesto a ensañarse con los débiles".

Eran gente irracional y no valoraban su belleza y valor fiel porque no eran amigos de Ladrón. Yo sabía mejor. Aprendí que el diablo la mayoría de las veces se disfrazaba de hombre.

"¡Ven rápido!", me ordenó Juan Carlos, subiéndome a su caballo.

"¿Adónde vamos?", pregunté.

"Necesito que recojas unas flores para mí", me instruyo Juan Carlos.

Y feliz de ser útil, le seguí. "No tarden", nos advirtió mamá mientras nos alejábamos al galope. Juan Carlos y yo montábamos en el mismo caballo. Yo iba a lomos del caballo, mientras Juan Carlos guiaba la rienda a través del laberinto del bosque. Al entrar en el bosque, nos encontramos con una quietud intimidante. Y mientras rodeaba con mis brazos la cintura de mi hermano, pude sentir la escalofriante sensación de frío de su pistola bien sujeta en su cinturón de cuero. No era la primera vez que tocaba una pistola. Papá nos había enseñado a todos a usar una desde que comenzaron los rumores de la persistente guerra. Sin embargo, por alguna razón inexplicable, la frialdad del arma nunca dejaba de darme escalofríos.

En el bosque, la presencia de los humanos era evidente a través de los troncos cortados que quedaban en el suelo. Cabalgamos, seguidos por Ladrón, nuestro más fiel amigo, hasta un lugar aislado donde Juan Carlos había visto unas raras orquídeas.

"¿Por qué quieres estas orquídeas en concreto?", pregunté mientras buscaba diligentemente.

"Quiero sorprender a una amiga", dijo, y luego señaló la copa de un árbol. "¡Mira, ahí arriba!". Tiró de las riendas y el caballo se detuvo. Nos quedamos mirando a un pájaro de plumas zafiro y esmeralda, cuya cola brillaba como la de un cometa.

"Es un quetzal macho", susurró. "Significa buena suerte".

En ese momento, deseé poseer una de aquellas plumas más que nada que hubiera deseado jamás. Los azules y verdes iridiscentes hacían majestuosa a esta ave, y sus largas plumas de la cola eran apropiadas para la vestimenta de los emperadores.

Si sólo tuviera una, pensé mientras recitaba mentalmente cómo iba a describirle a mamá el magnífico pájaro. Pero ella ya había conocido su magia, hacía mucho tiempo. Por desgracia, el pájaro no me soltó ni una pluma. Mi hermano emitió un suave sonido y el caballo comenzó a andar de nuevo. A medida que el camino se oscurecía bajo el dosel, las gotas de agua resonaban al salpicar las hojas. Me sentí tímida y expuesta, y mi imaginación echó a volar.

"¿Y si nos cruzamos con un jaguar o una serpiente barba amarilla? O peor aún, ¿y si nos encontramos con La Següa, la bruja llorona del bosque?", pregunté, usando las palabras y frases que me habían mantenido hechizada cuando me habían contado sus historias.

"¡Silencio! Allí", Juan Carlos señaló tenso hacia delante. "¿Ves esas orquídeas?", preguntó, guiando su dedo índice derecho hacia una zona ensombrecida, especialmente oscura.

"¡Ve a buscar unas, pero ten cuidado!".

Me había ganado la reputación entre mis hermanos de ser intrépida. No lo dudé. Me bajé del caballo para coger las flores. Cuando llegué a ellas, me quedé mirando con el mismo asombro que había sentido con el quetzal. Aunque la luz era tenue, me sentí cegada por su gama de colores.

"¡Vaya! Son increíbles. A mamá le encantarán en su jardín".

"¡Coge algunas y nos vamos!", me apremió Juan Carlos, nervioso por razones que no podía adivinar.

Encantada, empecé a recoger todas las que pude, pero no las sostuve por mucho tiempo. El ladrido de Ladrón me sobresaltó, y el ensordecedor sonido del arma de mi hermano me obligó a soltar las flores. Pero me quedé inmóvil mientras Ladrón ladraba con una fuerza que nunca antes había oído y luego corría hacia el bosque, ignorando nuestros gritos para que volviera.

"¡Ladrón, regresa!". Le llamó mi hermano y le silbó.

Un rugido se entrelazó con el ladrido alarmante de Ladrón. Asustada, corrí a reunirme con mi hermano a mitad de camino, mientras él me subía desesperadamente al caballo; luego hizo unos cuantos tiros al aire y después le daba una patada con los talones en el costado. Despegamos a toda prisa.

"¡Vuelve! Por favor, ¡vuelve!". Supliqué. Los aullidos de Ladrón rasgaron el bosque. Me dolía el corazón. "¿Qué le está pasando?".

"¡Podría ser un jaguar!". Juan Carlos me susurró al oído.

"¿Y Ladrón?".

"¡Calla!", me exigió mientras salíamos del bosque. Luego me advirtió: "¡Ni se te ocurra decírselo a papá!". ¿En qué estaba pensando? ¿De verdad creía que la ausencia de Ladrón pasaría desapercibida?

Al ver a papá, caí del caballo y se lo conté todo. "¡Papá, le ha pasado algo a Ladrón!", grité. Papá tiró bruscamente a mi hermano del caballo para recordarle que no se adentrara en el bosque, sobre todo si me llevaba a mí. Me sentí mal por no haber podido salvar a Ladrón, pero antes de que me desmayara, papá se fue con mis hermanos en sus caballos a buscarlo. Al cabo de un rato, papá volvió con las manos vacías y malas noticias en la cara. Al parecer, Ladrón había sacrificado su vida para salvar la mía, como era de esperar del mejor amigo de una niña.

"Era su momento, y lo habría vuelto a hacer por ti", me consoló papá. "Debes recordar que esta tierra encierra maravillas, algunas de ellas terribles, que debemos respetar".

Me tiré al suelo y empecé a llorar. Había perdido a mi mejor amigo. Papá me levantó y cabalgamos de vuelta a casa, con caras largas, más largas que las de los caballos que nos transportaban. Al llegar, mamá me esperaba preocupada. Lloré hasta que se me acabaron las lágrimas. Era mi primera pérdida. Sentía que la vida se había acabado y que nada podía empeorarla ni mejorarla. Sin embargo, las dulces caricias de mamá y su cariñosa comprensión acabaron por hacerme comprender que, mientras tuviera amor, estaría bien. Además, me había prometido a mí misma no volver a encariñarme con ningún otro animal.

Al día siguiente empezaban las clases. Tuvimos que cabalgar durante unas cuatro horas, tal vez más, dependiendo de cuántos descansos necesitara hacer mamá, antes de llegar a un viejo y precario camino de tierra, y luego al pueblo más cercano. Así era como papá quería que fuera. Deseaba que la finca permaneciera inaccesible e intacta, y los bosques tan vírgenes como cuando la descubrió: un sueño ambicioso en una tierra tentadora.

"Quien quiera un trozo tiene que trabajar por él", decía a menudo.

Nos estábamos convirtiendo en niños de piernas arqueadas cuando llegamos al río. El río espumoso y caudaloso era el último obstáculo antes de llegar al camino de tierra que nos llevaría de vuelta a la Ciudad de la Niebla. Al llegar al río, tenía las manos entumecidas por el miedo. Cruzar el río fue una pesadilla para mí, ya que las fuertes aguas casi se llevaban a nuestros caballos. Había una cascada no muy lejos de donde teníamos que cruzar, y lloré mientras papá tiraba de Lucero, mi pequeño caballo, hacia las aplastantes aguas del río. Tal vez fuera por el miedo, pero cada vez que cruzaba el río, la mala suerte se ensañaba conmigo. Papá insistió a los demás a que se adelantaran y nos esperaran al otro lado. Luego, cabalgando a mi lado, procedió a cruzar mientras sujetaba las riendas de Lucero.

"¿Prefieres cruzar por el tronco?", preguntó papá, señalando un largo tronco levantado sobre el río que servía de puente para los que cruzaban a pie.

"¡NO!", grité. Sabía que el tronco se movería de lado a lado, más flojo que las cuerdas que usan los payasos de circo para equilibrarse. Si cruzaba sobre el tronco, tenía que equilibrar los pies mientras me agarraba a una cuerda por encima de la cabeza: las aguas serpenteantes esperaban mi caída. En lugar de eso, me encontré con la cara casi dentro del agua. No sé cómo ocurrió, pero mi montura se deslizó de repente por debajo del vientre del caballo. Me enfrenté a la corriente de agua más espantosa que había visto en todos mis longevos años. Llorando y gritando, me agarré a la silla. Papá no tardó en venir a rescatarme. Al parecer, mi montura me desafió a enfrentarme a uno de mis peores miedos y se soltó. Fue una estrategia infructuosa por su parte, ya que me asusté aún más con las artimañas del agua. Mis temblorosas rodillas casi se golpean entre sí cuando lentamente puse pie en tierra seca, mientras papá ajustaba la silla de montar.

"Habrá sido el agua", me aseguró. "No volverá a ocurrir, preciosa".

Al volver la vista hacia el río, vi a unas mujeres nativas en la orilla, restregando la ropa en grandes rocas que sobresalían. Nos observaban mientras sumergían la ropa varias veces en las aguas poco profundas. Verlas trabajar y conversar entre ellas me produjo una sensación de tranquilidad. Entonces deseé haber sido tan valiente como ellas. Las mujeres indígenas parecían sencillas pero fuertes, vibrantes como guerreras que controlaban el río con los movimientos sincronizados de sus cuerpos bañados por el sol y su largo cabello negro. Me despedí de ellas con la mano mientras nos miraban fijamente; casi podía ver sus manos callosas de tanto fregar. Poco después, nos sumimos en nuestros propios pensamientos mientras los cascos de los caballos golpeaban bajo nosotros.

Mis hermanos y hermanas seguramente soñaban con su vida en la ciudad, imaginando cómo sería regresar al pueblo. Es posible que mamá se preguntara si papá volvería solo a su finca y la dejaría para pasar muchos días solitarios en la ciudad criando a siete hijos casi sola. Papá tal vez pensaba en cuánto tiempo tardaría en volver a la finca, ya que le esperaba la carga de trabajo habitual. Benjamín soñaba despierto con jugar con los niños del vecindario; practicaba con éxito el arte de lanzar trompos, arrojando a menudo una peonza de madera al suelo. En ese momento, ganar juegos con estas peonzas sería su único objetivo. Yo soñaba con mis amigos animales, el bosque y los buenos momentos que pasábamos juntos. No deseaba otra cosa en la vida que pasar tiempo con ellos al aire libre. Soñaba con cómo provocaría a las hormigas rojas en la colina la próxima vez. ¿Usaría un palo fino o grueso? Me pregunté si volvería a ver al oso hormiguero, y recordé mi paseo salvaje a caballo, la suerte que me siguió hasta el río y la triste pérdida de mi querido perro.

Rememoré lo maravilloso que era cabalgar a una velocidad en la que el viento me susurraba al oído que fuera más deprisa. Soñé con rodar por las verdes colinas mientras el olor de la hierba salvaje cosquilleaba suavemente mi nariz. Recordé la adrenalina al subirme al columpio que papá había hecho en un árbol alto al borde de un acantilado. Empujándome hacia delante, soltaba las manos y estiraba los brazos mientras mi cuerpo volaba para aterrizar al pie de la colina. Sentir el aire fresco que desprendía el bosque circundante, tan majestuoso e intacto, convertía esta experiencia en adictiva. De vez en cuando, si me concentraba lo suficiente, podía oír a monos y gatos salvajes reclamando sus derechos sobre la tierra de mis sueños. Subí y subí hasta que mi estómago me pidió que lo dejara.

Subí y bajé hasta que finalmente volví a la realidad del final de las vacaciones de verano. Muchas veces me convencí de que debía haber nacido en medio del bosque, cuidada por los extraños y maravillosos animales que lo protegían; mamá sólo se negaba a admitir la verdad. En ese momento, mi hermano Benjamín y yo no podíamos quejarnos. Nuestra infancia era como debía ser: encantada por las aventuras diarias y los sueños que los adultos no parecían reconocer.

Llegar a la ciudad era una fiesta para todos, menos para nosotros. Huimos de la civilización, el bullicio de la ciudad y la escuela, por no mencionar el drástico cambio de roles al que tuvimos que adaptarnos rápidamente. En la escuela, ya no se nos permitía ensuciar nuestros uniformes estrictamente planchados. Yo ya no me levantaba para ponerme mis botas de agua y mis vaqueros azules desteñidos. En su lugar, me ponía medias blancas hasta la rodilla, lustrosos zapatos de cuero negro, faldas plisadas y diademas a juego. Mi comportamiento cambió al modo adecuado: sentarme erguida, cruzar las piernas, hablar correctamente y ¡NO ESCALAR ÁRBOLES! Mis sueños se transformaron para coincidir con los de mis amigas de la ciudad.

A veces me asombraba de lo buena que me había vuelto al cambiar de código. Evadir problemas con mamá a veces me convertía en dos personas diferentes, creando una guerra emocional entre una niña civilizada y una indómita hija del paraíso.

5

Una jungla urbana de diferentes tipos

La vida en la ciudad sostenía su propia jungla. Al llegar a la Ciudad de la Niebla, todo seguía igual que cuando la dejamos. Los viejos camiones madereros circulaban lentamente, llevando árboles a quién sabe dónde. Me pregunté entonces cuántos nidos y aves habrían sido destruidos, y si sólo los árboles se habían retirado del bosque.

"Mamá, ¿qué harán con todos esos árboles?", pregunté, temiendo que talaran todo el bosque, dejándonos sin naturaleza ni vida salvaje.

"Construirán cosas para la gente", respondió.

Con la candidez de mi infancia, me aparté de ella, pensando que los árboles debían crecer como flores, sin darme cuenta de que, para algunos de esos preciados árboles, el crecimiento llevaba más de veinte años, o incluso toda una vida. Llegamos primero a La Estación, donde entraban y salían viejos autobuses diésel y el comercio era la principal fuente de ingresos para la mayoría de la gente. En La Estación se vendía de todo, desde aves coloridas y exóticas hasta monos aulladores encadenados e iguanas con la boca cerrada por cuerdas de nailon. Al acercarme a un mono encadenado a un poste, sus largos brazos se balancearon hacia mí como pidiendo comida; sus extensos y acuosos ojos se clavaron en los míos. Sintiéndome hipnotizada por su mirada infantil y su profunda impotencia, tiré de la falda de mamá y le pedí dinero para comprar el mono y dejarlo en libertad; pero al negarse a mi petición, respondió: "Sólo venderán más de esas criaturas".

Me fui con los ojos llorosos, mientras el mono seguía mirándome desde la distancia. En aquel momento, no comprendía el espectáculo que acababa de presenciar y me entristecía, sin saber que algún día, no muy lejano, nosotros también podríamos convertirnos en especies encadenadas y en peligro de extinción. De camino a casa, visitamos algunos puestos para comprar cereales y comida. Siempre hambrienta, insistí en comer todo lo que los vendedores de comida ofrecían en sus carritos de madera. En una esquina, la gente hacía cola para comprar a una mujer que vendía el tradicional Vigorón. Clavando los ojos y casi salivando, observé cómo sus manos colocaban lentamente crujientes cortezas de cerdo sobre una hoja de plátano fresca, cubriendo las cortezas con ensalada de col verde aliñada con jugo de limón o vinagreta, sal y pimienta, tomates recién cortados y raíz de yuca hervida lentamente.

Mientras tanto, Benjamín salivaba como su perro de ciudad, Skipper, a la vista de los dulces zapotes, los agrios jocotes y los deliciosos mangos verdes. Pero, como siempre, mamá se negó a comprarnos las delicias de La Estación, recelosa de comprar comida a los vendedores. "¡Mira!", dijo señalando incrédula a una de las vendedoras, "¡está manejando el dinero y preparando la comida al mismo tiempo!".

Yo estaba de acuerdo con mamá, la reina de la higiene, porque sólo compraba comida a gente que conocía y en la que confiaba. Se había vuelto muy cautelosa con lo que comíamos porque no quería que se repitiera el destino de Amanda. De camino a casa, seguimos a mamá mientras hacía varias paradas. Primero visitó la panadería del pueblo y empezó a hablar con su amiga doña Autilia, que siempre se quejaba de los callos que tenía en los pies por estar todo el día de pie y llevando caites de suela dura, unas sandalias duraderas hechas de piel de vaca. Mientras tanto, paseábamos por la panadería, observando con curiosidad cómo los trabajadores alimentaban los enormes hornos de adobe con leña. El aroma del pan recién salido del horno nos hacía rugir el estómago mientras mamá hacía la compra. Sin embargo, el pan caliente no entró en nuestras bocas hasta más tarde. Mamá creía que el pan caliente provocaba diarrea.

Por último, visitamos a la madrina de mamá, la madrina Trinidad, que vivía a unas dos largas manzanas de casa.

Tras saludarla con besos y abrazos, mamá se sentó cómodamente y volvió a contarle nuestras aventuras en la naturaleza. Hambrientos y ansiosos por volver a casa, esperamos impacientes. Siete niños hambrientos: ¿quién tiene tiempo para hablar? Mis hermanos y hermanas pidieron marcharse, pero la mirada de mamá los puso rápidamente en jaque. Así era la vida. La gente podía carecer de riqueza o libertad, pero el tiempo parecía estar siempre disponible. Y por fin estábamos en casa.

Mamá le explicó a Tatiana el menú que había planeado para la cena. Mis hermanas y hermanos corrieron a sus dormitorios. Benjamín entró en la casa, tomó su peonza de madera y salió corriendo a llamar a sus amigos del barrio. Yo fui al jardín a buscar a nuestra tortuga Veloz. Tigresa, nuestra gata, se había subido al tejado. Había roto mi confianza cuando decidió comerse a sus propios gatitos, sólo porque los toqué poco después de nacer. Ahora echa de menos mis caricias. Los peludos chilastas vigilaban los árboles frutales mientras se deslizaban arriba y abajo por los troncos, esperando quemar cualquier piel humana curiosa e intrusa.

Afuera, todo seguía igual; la niebla de las montañas aún protegía nuestro pueblo, a veces creando una sensación espeluznante. Los adoquines sueltos dejaban al descubierto la suciedad bajo las calles, y la campana de la iglesia sonaba una vez cada hora, tres veces para anunciar los oficios religiosos. La gente seguía su rutina diaria, riendo y bromeando con el típico ritmo latinoamericano. Aunque la vida en el bosque encantaba mi espíritu, la vida en mi pueblo también tenía sus propias joyas mágicas. Personajes insólitos le daban a la pequeña ciudad un carácter único. Tatiana, nuestra joven y virginal ayudante, tenía una historia que contar. Aunque no era monja, juró no casarse nunca, pues conocía a demasiados hombres que no lo merecían.

Siendo la única joven que quedaba en la casa, pasaba mucho tiempo hablando con Tatiana y siguiéndola a todas partes. Para hacer su trabajo más agradable, su labor también incluía vigilarme. Hacer recados con ella era divertido, aunque me había convertido en el hazmerreír de algunos de mis estirados compañeros, que pensaban que caminar por la ciudad a su lado me daba una reputación indeseable. No me importaba. Tatiana era una persona hermosa, espiritual y físicamente. Además, la recompensa de mezclarme con la gente del pueblo y escuchar sus conversaciones no podía cambiarse por presunciones egoístas. Después de todo, todos tenían cosas valiosas que ofrecer, independientemente de su clase social o creencias. El limpiabotas tenía la libertad de ensuciarse; el mendigo, la de ser perezoso; y el borracho, la de alucinar.

Debo admitir que el cambio de código entre las diferentes clases era necesario e inevitable, ya que me vería obligada a coexistir en ambos mundos. En la escuela, me convertí en una joven honorable y respetada, llena de modales y vocabulario castellano. En la ciudad, me convertí en una más del pueblo: animada; en casa, me convertí en mi verdadera yo: curiosa, cariñosa y franca. El bosque era otra historia. Me convertí en la niña liberada de la naturaleza salvaje, una defensora indefensa de las especies en peligro de extinción, y una testigo de la deforestación que se sentía desesperada cuando la caída de los árboles hacía temblar el suelo a mi alrededor.

Todos los días, la rutina de Tatiana comenzaba con una visita a la tortillera del pueblo. Juanita tenía fama de ser la tortillera más dulce y talentosa. Su baja estatura y su rostro redondo siempre nos recibían con una sonrisa. Con sus manos cortas y robustas, preparaba cada tortilla con esmero. Sus manos, sobrecargadas de trabajo, moldeaban cada bola redonda de masa de maíz con un proceso sistemático, cuidadoso y delicado. Primero, colocaba una bolita de masa en la palma de la mano. Juntando las manos en un movimiento circular, aplanaba la masa hasta que quedaba perfectamente proporcionada. Después de este paso, colocaba la masa en un comal caliente y le daba la vuelta a cada tortilla hasta que se doraba y se hinchaba.

"Un córdoba", pidió sonriendo.

Las pecas de su piel, resaltadas por el calor de la estufa de leña, le daban a veces un rostro infantil. Seguía el mismo proceso para cada tortilla que hacía. Sólo se detenía para recoger el dinero en su delantal casi roto, enjuagaba sus manos en su fregadero de piedra y reanudaba su labor diaria en armonía. La rutina de la tortilla nunca pasó de moda, ya que me ofrecía voluntaria para recoger las tortillas de la familia cuando Tatiana no podía ir. Cuando nadie miraba, doña Juanita me permitía ayudarla a hacer unas cuantas, pero retomaba su papel después de que yo reventara las burbujas de las tortillas demasiado pronto, haciendo que parecieran masticadas.

Mi familia tuvo que esperar pacientemente a que volviera a casa con las tortillas, mientras esa cocina al aire libre, tan humilde y mágica, me absorbía. La ausencia de paredes y el frío de los árboles agitando sus hojas no la molestaban, pues siempre hacía su trabajo con dignidad. Cada tortilla llevaba impresa la sonrisa de Juanita. En un momento, me planteé seriamente convertirme en tortillera, si mamá me lo permitía. Cuando no se necesitaban tortillas, había mucha demanda de pan dulce con una taza de café caliente o leche tibia para los niños. Después de las siestas diarias de mediodía, Ernestina, la diosa del pan de nuestro pueblo, aparecía paseando firmemente alrededor de su producto, perfumando las calles con el olor del pan caliente endulzado con caña de azúcar.

Otro día, me senté junto a mamá fuera de nuestra casa, mientras la ciudad despertaba lentamente de la tradicional siesta diaria de una hora. Cuando la iglesia anunció la una de la tarde con su ritmo clásico y la ciudad reanudó su actividad habitual, Ernestina se paseó por la calle para rescatarme de mi aburrimiento del mediodía, gritando: "¡Pan caliente!". La sombra de su silueta bañada por el sol, en armonía con sus movimientos, reflejaba cómo equilibraba con destreza una gran cesta de pan sobre la cabeza. Moviendo las caderas de izquierda a derecha, sus brazos se sincronizaban con sus caderas. El pan caliente que Ernestina vendía complacía mis sentidos cada día, así que, con unos pocos córdobas en la mano, me apresuré a saludarla.

"¡Aquí, Ernestina, aquí!", le dije, ofreciéndole dinero a cambio de ese pan caliente y aromático. Pero antes de que pudiera hacerme con esa dulce pieza de pan, dos chigüines le arrebataron un pedazo de la cesta y salieron corriendo. Ernestina volvió a colocarse la cesta sobre la cabeza y empezó a perseguirlos.

"¡Vengan acá sinvergüenzas!", gritó, reclamando a los dos descarados que le robaron un pedazo de pan de la cesta. Ernestina no se dejaba engañar fácilmente y, para mostrarles cómo funcionaban las cosas, corrió a toda velocidad, moviendo las piernas arriba y abajo, mientras equilibraba la pesada cesta sobre la cabeza. Finalmente, alcanzando a uno de los descarados, le tiró de la oreja y le exigió que le pagara.

"Nadie huye de mí", los amonestó. Luego, volviendo a su postura normal, caminó hacia nosotros como si nada hubiera pasado.

"¡Cerrá la boca, niña!", dijo mamá.

Sin cerrar la boca como se me había ordenado, me quedé con los ojos y la boca muy abiertos, pues acababa de ver actuar a Ernestina. Había sido extraordinario verla perseguir a los chicos con aquella cesta en la cabeza, despreocupada, como si se olvidara de que la llevaba.

"¡Enséñame, Ernestina!". Le supliqué que me enseñara a equilibrar la cesta.

"Todo está en tu cabeza", fue todo lo que obtuve de ella.

Todo está en tu cabeza… Practiqué colocando juguetes y cacharros de cocina en mi cabeza, pero fue en vano. Al cabo de un tiempo, desistí y dejé ese meritorio papel exclusivamente para que lo cumpliera Ernestina. Durante años, Ernestina nos alegró el estómago con su pan recién hecho, pero tras la supuesta muerte accidental de su hijo de dieciséis años, Ernestina y su dulce pan caliente no volvieron a llamar a nuestra puerta. Se rumoreó que siguió a su hijo al cielo, también por accidente. Otros insinuaban que había huido a la costa, la costa sin retorno. Seguimos sentados en el porche, observando a la gente. A veces imaginaba la silueta bronceada de Ernestina bajo las sombras del sol, y mi corazón daba un brinco de alegría. Mamá siempre saludaba a cualquier transeúnte que pasara por nuestra casa. Don Callado a menudo disfrutaba sentándose con nosotros, mientras mantenía una conversación sin prisas sobre los últimos acontecimientos del pueblo. Don Callado le contaba a mamá sobre el desgraciado y poco claro accidente del hijo de un labrador, el vergonzoso embarazo de la hija de don Juan antes de llegar al altar, y el espantoso destino de los disidentes al reclamar sus derechos. Mojando pan integral cemita comprado en la tienda en mi leche, saboreé mi pan favorito, endulzado con azúcar morena y melaza. Me senté en silencio, mirando al horizonte, ajena a la conversación mientras me daba el gusto, egoísta en mi disfrute.

"Mamá, ¿vas a comer pan hoy?", me acordé de preguntar.

"No tengo hambre", respondió.

"Por favor, come un poco", insistí.

Como de costumbre, hizo caso omiso de mis persistentes súplicas. Suplicar a mamá que me acompañara no funcionó. Aunque casi cualquier cosa podía hacerme sonreír, el pan lo hacía especialmente. Sin embargo, como tantas otras cosas, no podía hacer feliz a mamá.

"¡También encontraron indios miskitos amontonados muertos como una pirámide!", continuó don Callado. "Tenga buen día, don Callado", se retiró mamá, deseándole un feliz día, un pequeño acto de amabilidad frente a las noticias negativas que don Callado traía a menudo, un recordatorio de las luchas y distracciones diarias de la vida en tiempos de guerra.

El día terminaba en silencio mientras mamá rezaba y leía la Biblia. Veíamos la televisión a diario antes de acostarnos. Nuestros vecinos se unían a nosotros a las siete de la tarde todos los días para ver la popular novela, ya que algunos de ellos no tenían televisor, o incluso si lo tenían, los adultos disfrutaban hablando al final del episodio sobre las maldades del antagonista y la inocencia mal representada del protagonista. Durante esa hora, todos los presentes parecían adoptar un personaje y se sumían en sueños. Aparte de la religión, los dramas de las telenovelas nicaragüenses, con sus mundos de romance, chismes y traiciones, proporcionaban un breve respiro del aterrador y temeroso mundo que amenazaba una posible guerra. A la salida diaria del sol le seguía una serie de rutinas, pero levantarse por la mañana era otra historia. Mamá me despertaba y me instaba a prepararme para ir a la escuela con el canto del gallo. Oía el cencerro del lechero que recorría el pueblo repartiendo bidones de acero inoxidable con leche fresca. Miguel no venía a nuestra puerta, pues nuestra leche venía de nuestra finca.

Todas las noches me acostaba atormentada por las míticas apariciones de la Carretanagua, que según la leyenda aparecía a altas horas de la noche. Se decía que era una carreta de madera embrujada que vagaba por las calles durante las horas más oscuras de la noche, haciendo ruidos crepitantes e infundiendo miedo a la gente, sobre todo a los niños inocentes como yo. Asustada al pensar en La Carretanagua, me fui a dormir con la cabeza bajo la almohada y el trasero apoyado. Sin duda, el miedo me había convertido en un avestruz. Y muchas veces juré haber oído a La Carretanagua pasar por delante de mi casa.

"¡Despierta mi niña! Mi niña", susurraba mamá en voz baja, instando a su pequeña a despertarse.

"¡Un minuto más, mamá!", le pedía.

"¡No más!", exigía mamá, negándose a darme más tiempo para dormir. Todas las mañanas, Tatiana entraba en mi habitación y se ofrecía a terminar lo que mamá había empezado. Entraba y me levantaba de la cama. "¡Levántate ya!", me reñía.

"¡No!", me quejaba. Molestar a mamá y a Tatiana cada mañana debía de ser una de mis funciones como niña en aquel pueblo, pues despertarme siempre era un suplicio. Tatiana tenía que sacarme a rastras de la cama y meterme a empujones en la ducha mientras cantaba.

Con sus calzones, bien remendados
Paso el patito para la escuela, iba cantando…
¡Viva la escuela!¡Que viva la escuela!
¡Viva el maestro! ¡Que viva el maestro!
¡Y viva yo! ¡Y que viva yo!

Le había incitado a dejar de cantar. "¡Está bien! ¡Ya estoy despierta, Tatiana!", grité mientras ella me desenredaba rápidamente el pelo, luchando con cada *rizo impío,* como solía decir.

"¡Mamá!", grité, mostrando los pocos dientes que me quedaban.

"Shhh, silencio. Ya he terminado. Anda y aprende a no hacerle pasar malos ratos a tu mamá por las mañanas", reprendió en voz baja, pues le tenía miedo a mamá. Al final, ambas abandonamos nuestra lucha y continuamos con nuestro día.

Aunque se suponía que ir a la escuela era divertido y emocionante, personalmente era más bien un inconveniente, sobre todo cuando había que levantarse temprano y dejar atrás a nuestro perro del pueblo, Skipper. Skipper era un golden retriever mestizo y, aunque oficialmente era el perro de Benjamín, sabía que me echaba mucho de menos, y yo también le echaría de menos. Skipper movía la cola como para asegurarme que estaría allí cuando volviera. Para entonces, mis tres hermanos mayores y mis dos hermanas se habían graduado de la escuela secundaria y se dirigían a la universidad. Los únicos que quedábamos para soportar la escuela primaria éramos Benjamín y yo, a quienes no nos gustaba especialmente. Mi primer día de escuela podría haber sido similar al de la mayoría de los niños de mi edad, aunque mamá había esperado a que fuera un poco mayor. Lloraba y me aferraba a la falda de mi madre, sin saber lo que me esperaba en la escuela.

Me asustaba la escuela católica K-12 dirigida por inflexibles misioneros españoles. Convertirme en una estudiante ejemplar y respetuosa de las normas me causaba mucha incomodidad. Al llegar, todos parecían iguales. En El Colegio La Salle, chicos y chicas vestían azul. Las chicas vestían faldas plisadas y camisas de algodón con cuello, botones blancos y el logotipo de la escuela bordado en el bolsillo izquierdo. Los calcetines blancos hasta la rodilla complementaban el atuendo. Los funcionarios de la escuela inspeccionaban nuestros zapatos para comprobar su limpieza al entrar a la escuela. Mi madre nos acompañó a Benjamín y a mí el primer día de clases, pero en cuanto llegamos a la escuela, Benjamín se reunió con sus amigos y nos separamos.

Dentro de la clase estaba mi primera profesora de parvulario, la señorita María de la Caridad, con una regla de madera en la mano, analizando mi complexión con sus pequeños ojos y su cabello perfectamente recogido.

Aunque la función de la regla consistía en señalar las letras y los números de la pizarra, algo en la forma en que la palmeaba en la mano mientras se paseaba por la clase me hacía sentir como un caballo salvaje a punto de ser domado. "Sentate aquí", me ordenó, indicándome que me sentara en un pupitre de madera. Sintiéndome como un cachorro abandonado, me despedí de mamá con la mano mientras las lágrimas escapaban de mis ojos. Este momento se convirtió en el comienzo de la toma de conciencia. Se instaló en mi mente como una huella en el sedimento. Pronto aprendería algo más que letras y números: estar lejos de mi familia se convertiría en una forma de vida.

6

Hojas de plátano, ¡por favor!

Después de sobrevivir mis primeros días de colegio, la vida continuó como de costumbre y mamá siguió alimentando nuestro creciente apetito. Un día, me pidió que hiciera un recado rápido y sencillo. Preparaba en la cocina sus conocidos Nacatamales, un plato que solo se hacía en ocasiones concretas: Navidad, Año Nuevo, cumpleaños, reuniones familiares, o simplemente a petición de papá. Esta vez había dos motivos: la petición de papá y una reunión familiar, ya que todos mis hermanos habían vuelto de la universidad.

Los Nacatamales de mamá no podían imitarse, pues pasaba interminables horas hirviendo y sazonando la masa de maíz. "Ayúdame con los ingredientes", nos decía mientras ponía una olla grande en el fuego. Tatiana y yo nos turnábamos para ayudar a mamá. Mi parte favorita era ayudar a mamá a preparar la masa. Yo la ayudaba mezclando la masa de maíz molida con el caldo de pollo, el zumo de naranja agria, una pizca de sal y semillas de comino, cebolla picada, ajo picado y manteca de cerdo. Tatiana ayudó a preparar el relleno picando cebollas, pimientos y papas, remojando el arroz y sazonando la ternera o el pollo con sal y achiote.

Mamá comenzó entonces el agotador proceso de hervir la primera masa hasta que esta alcanzara la textura deseada. Sus pies hinchados sostenían su cuerpo cansado mientras removía la masa una vez en sentido contrario a las agujas del reloj, dos veces en el sentido de las agujas del reloj, añadiendo el agua y el caldo poco a poco a fuego lento. Una vez terminado el laborioso proceso de hacer la primera masa, procedió con la segunda mientras dejaba enfriar la primera. Le pasé más caldo de pollo, agua, sal, cebolla picada, ajo picado, zumo de naranja agria, manteca de cerdo y achiote para colorear. Mamá continuó con el mismo proceso de removido que hizo con la primera masa.

Después de que mamá pasara horas de pie como una gallina, alternando un pie en el suelo mientras descansaba el otro, mi otro trabajo era traer a casa más hojas de plátano compradas en la tienda y necesarias para completar la ardua tarea. Salí corriendo de casa con la intención de hacer lo que me habían dicho, pero urgida por mi imaginación, seguí columpiándome de árbol en árbol, vistiendo solo hojas de plátano mientras paseaba por la selva nicaragüense en compañía de mis amigos salvajes, mi perro Ladrón, desaparecido hace tiempo, y mi caballo Lucero. Soñaba día y noche con esta hermosa forma de vida. Me sentía varios seres viviendo en un cuerpo divino, una mariposa transformándose constantemente en sus diferentes etapas.

Durante las vacaciones escolares, me convertí en una niña de la selva de corazón libre, y lo que más amaba era nuestra finca. Montaba a caballo sin restricciones, nadaba en las charcas de los manantiales, atrapaba luciérnagas y otros insectos, rodaba por las verdes colinas, y me quedaba mirando los grandes ojos redondos de las vacas al pasar junto a ellas. Sin embargo, durante el curso escolar, me transformé en una señorita estirada y correcta. Fue esta niña la que permitió que me pellizcara la hija mala del dueño de la tienda de comestibles, Carlota.

"¡Hojas de plátano, por favor!", le pedí simplemente.

Entregándome las hojas de plátano con una mano y pellizcándome con la otra, la cruel Carlota se rio mientras huía llorando. Enfadada conmigo misma por permitir su comportamiento abusivo, me juré que la próxima vez le devolvería el favor. Llegué más tarde de lo que la pobre mamá había previsto.

"¿Dónde has estado?", preguntó.

"Me distraje, y Carlota...".

"Tú y tus fantasías, tienes que parar. La vida es real, Ileana", interrumpió mamá bruscamente.

Mamá comenzó a colocar una bola de la primera masa en una hoja de plátano ablandada, añadiendo otra media bola de la segunda masa roja, luego cubriéndola con hojas de menta, carne de res, pollo o cerdo sazonados, aceitunas rellenas, arroz, tomates, pimientos y papas. Para concluir su extravagante obra maestra, envolvía cada Nacatamal en más hojas de plátano y una lámina de papel de aluminio, y lo ataba como un regalo con una cuerda seca de plátano o nailon. Por último, colocaba cada Nacatamal dentro de la olla de agua hirviendo. Los Nacatamales hirvieron lentamente durante unas cuatro horas. El tiempo que tardaron en cocinarse se le hizo eterno a mi estómago rugiente.

Las cenas familiares eran realmente memorables y muy esperadas por mamá, ya que ahora rara vez se celebraban con todos nosotros a la mesa. Esta sana unidad quedó grabada en nuestros corazones para los turbulentos años venideros. Mamá, que siempre era la última en sentarse a la mesa, se aseguraba de que todos quedáramos satisfechos. Las reglas de la mesa eran claras: solo podías hablar cuando te daban permiso o cuando llegaba tu turno. Tanto mamá como papá aplicaban a rajatabla los modales en la mesa. A veces me sentía como en una base militar.

Mientras crecía, mis padres me enseñaron a comunicarme constantemente, independientemente de la situación. Papá siempre me obligaba a explicarle mis razones para todo. Si quería un juguete, tenía que explicarle por qué, independientemente de la razón aparente por la que quería jugar con él. Si quería unos vaqueros nuevos, tenía que explicarle que era porque estaba creciendo y los charcos de agua no eran tan comunes en la ciudad como en la finca. Por lo tanto, los pantalones debían llegarme hasta los tobillos. Con el tiempo, dominé el arte de la explicación y la defensa, logrando más de lo que querían mis hermanos. A veces, incluso me convertía en mediadora de las ineficaces habilidades comunicativas de mis hermanos.

"Papá, creo que a Francisca le vendrían bien unos vaqueros nuevos. Los que lleva le quedan un poco ajustados, ¿no crees?", me atreví a decir, haciendo caso omiso de las normas establecidas por nuestros padres.

"¡Silencio! O comerás en la cocina", replicó, con la voz llena de ira. Se levantó de su asiento y se dirigió hacia mí. Cerré los ojos con fuerza, preparándome para la tormenta que estaba a punto de llegar.

"No volverás a defender el asunto de otra persona. Todo el mundo debe aprender a mantenerse en su propio terreno si quiere sobrevivir". Caminó hacia mi hermana y repitió: "Debes aprender a mantenerte en tu propio terreno si quieres sobrevivir".

Esperó a que Francisca asintiera a sus palabras de sabiduría y volvió a su asiento. A Francisca se le humedecieron los ojos, y todos los demás permanecieron callados durante toda la noche. Por fin, mamá se quitó el delantal, lo colocó en la silla de la cocina y ajustó nuestro cuadro de la Última Cena, que se había inclinado. Se unió alegremente a nosotros como si fuera ajena a lo que había ocurrido. "Están todos muy crecidos", les dijo a mis hermanos, a los que les habían salido bigotes y barbas. La nuez de Adán de Ramón subía y bajaba visiblemente mientras comía y hablaba, lo que hizo que mi atención se desviara hacia su cuello en lugar de hacia mi plato. Me pregunté si mi hermano se habría tragado la manzana prohibida, como mamá había leído en la Biblia. Mamá tenía razón; mis hermanos no parecían los mismos. A Francisco le había crecido la barba más allá del mentón y parecía mucho mayor. Papá, en cambio, tenía la piel más suave que la de un bebé. Prefería llevar la cara limpia.

El mentón hendido de papá se hacía más profundo cada vez que se afeitaba con una navaja afilada que se deslizaba suavemente por el jabón puro que untaba con una brocha de afeitar de cerdas. Benjamín rompió el silencio de la mesa cuando todos rieron al verle palparse el cuello en busca de su propia nuez de Adán, pero sin resultado, pues aún era demasiado joven. Fue una noche fantástica, llena de diversión y de viejos recuerdos familiares. Mis hermanos mayores recordaron cuando eran pequeños y se rieron de sus temerarias aventuras, mientras Benjamín y yo soñábamos con crecer. Celebramos la vida y el crecimiento de nuestros seres queridos, como es natural en la vida. Aquella noche habría sido un momento apropiado para haberlo congelado en el tiempo.

7

El año del azufre

" ***M****amá, ¿cómo sabes que el diablo está cerca?", le pregunté un día.*

"*El diablo huele a azufre", respondió mamá simplemente.*

El año del azufre-1979 trajo el hedor del diablo a nuestra nación, o, mejor dicho, a mi mundo. Y los niños como yo olimos el azufre por primera vez, de cerca, a través de la artillería que infundía miedo en los civiles de Nicaragua y los rostros de los muertos que se infiltraban en nuestros sueños. Si tan sólo hubiéramos conocido el futuro, habríamos podido saborear cada momento de nuestra cena juntos un poco más. Por desgracia para mí, nací en un país muy deseado por una estirpe de tiranos, que dejaré para que

103

los libros de historia expliquen con detalle. La historia sin duda tiene las cosas claras en lo que respecta a la sangría de Nicaragua, y muchos periodistas de renombre han sido testigos de ella y han escrito al respecto.

La sangría debida, en parte, a intrusiones extranjeras como las de los conquistadores españoles, la Unión Soviética, la abusiva dinastía de mucho antes de mi tiempo —el Régimen de los Somoza— e incluso el país que ahora se ha convertido en mi nuevo hogar, los Estados Unidos de América. Para mí, sin embargo, la única historia que llegaría a importarme de niño sería la que comenzó poco después de mi nacimiento. Nicaragua, la dama fuerte de Centroamérica, se ha casado repetidamente con gobernantes que malinterpretaron sus bienes, trayendo así corrupción, derramamiento de sangre y explotación a su pueblo y a sus recursos naturales. En todos sus matrimonios, ha soportado días mínimos de riqueza, pues se enfrascó en un turbulento y opresivo matrimonio de cuarenta largos años con la dinastía del régimen de los Somoza.

Según algunos, Anastasio, el primer presidente somocista que tomó el poder con el apoyo de las tropas estadounidenses, tenía una visión moderna de Nicaragua. Sin embargo, la corrosión del poder y la codicia acabaron por apoderarse de Anastasio "Tachito" Somoza Debayle, el segundo hijo de Anastasio Somoza García y último dictador somocista, viciado por la corrupción. Acabó siendo el último gobernante de una dinastía que duró de 1936 a 1972, el año anterior a mi nacimiento. El tumultuoso y abrumador conjunto de acontecimientos y la continua disputa sobre qué partido gobernaría el país crearon otra sangrienta e interminable guerra civil, mientras los revolucionarios contras, ayudados por Estados Unidos a través del acuerdo Irán-Contra, junto con los enfrentamientos de los implacables soldados sandinistas, devastaron el país una vez más. Los inocentes ciudadanos de Nicaragua acabaron pagando el alto precio, el despiadado precio de saber cuándo evolucionaba el infierno, pero no cuándo acabaría.

"¡Repartan la riqueza!", clamaba un liberal. Llevaba un pañuelo rojo y negro mientras incitaba a la gente a montar escenarios y atrincherar las calles con montones de neumáticos ardiendo. El cielo azul se tiñó rápidamente de gris al elevarse el denso humo, y el olor a goma y aceite se volvió embriagador.

"¡Dejen nuestro país, dejen nuestra tierra y déjennos decidir libremente!", gritaban.

Estaban disgustados, eso lo comprendía. Su causa se vio alimentada por el patriotismo de su pasado líder, Augusto César Sandino, un campesino convertido en general que cambió la historia y se convirtió en objeto de estudio de la historia latinoamericana, el mismo joven general que había perdonado la vida de mi abuelo años antes de mi época y que más tarde fue traicionado y asesinado por Anastasio Somoza García. El general Augusto César Sandino vivía en el corazón de los insurgentes sandinistas como una deidad. Su valentía y patriotismo alimentaban sus espíritus, y el Frente Sandinista ha luchado con más intensidad desde su muerte.

A medida que la posible derrota del régimen de los Somoza dejaba de ser un sueño para convertirse en una realidad, los jóvenes revolucionarios sandinistas irrumpieron en las calles llenos de esperanzas e intenciones para con su patria, cantando junto a una canción que sonaba en una radio portátil: "Los hijos de Sandino no se venden, no se rinden...". Los periódicos locales lanzaron noticias audaces sobre el pronto derrotado Somoza Debayle, creando más incertidumbre entre la gente. En las radios se repetían día y noche historias sobre soldados de Somoza huyendo de sangrientas batallas y la gente hablaba sin parar del mismo tema: ¿Quién ganó el combate de hoy? ¿Cuántos murieron? ¿Qué seguirá siendo del país y del pueblo? ¿Conoceremos por fin un gobierno justo y disfrutaremos de la libertad? ¿Qué será? ¿Quién podría ser? Fue un cambio de vida, una historia en ciernes.

A partir de ese momento, las vidas de muchas personas quedaron únicamente en manos de Dios, y pronto empezaron a perder lo que les quedaba: sus vidas, sus hijos y, para un gran número de ellos, incluso su dignidad. Sentados en el porche de la casa mientras mojábamos pan de rosquilla en café recién molido, celebrábamos las típicas reuniones familiares durante las interminables noticias sobre la guerra y los sucesos del pueblo.

"Los sandinistas acusan a la Guardia Nacional de decapitar a un soldado", informó el periódico.

"La Guardia Nacional acusa a los sandinistas de asaltar a los terratenientes, violar a las mujeres y cortarles los pechos", informaba la alarmante radio. Y dependiendo de la fuente de la noticia, las historias cambiaban para acomodarse a las reacciones deseadas.

"¡Los que pagan son los inocentes!", exclamó el tío Polín al entrar en nuestra casa. Él creía que los inocentes eran el cebo que pagaba el precio más alto.

"¡Tío Polín!", gritaba yo mientras saltaba a su espalda al llegar a nuestra casa. Viajaba a caballo y en transporte público; su finca estaba más adentrada en los bosques que la de papá.

"¿Cómo están mis terneritas?", nos preguntó, haciéndonos cosquillas a mi hermano y a mí con sus manos ásperas y callosas.

Cuando tío Polín, el hermano más cercano de Papá, nos visitaba, hablaba a menudo de las turbulencias y la economía del país. Papá escuchaba con recelo, expresando su creciente preocupación por la guerra que pronto podría llegar a nuestro pueblo. Manteniéndose neutrales y optimistas, consideraban que la dinastía Somoza había gobernado durante demasiado tiempo y tenían la esperanza de que algo positivo pudiera surgir del nuevo gobierno sandinista, al igual que el resto del país. El día de la llegada de mi tío, se respiraba un tono de silencio en todo el pueblo. Desde nuestra casa, las preguntas eran evidentes en los rostros de la gente, que se esforzaba por pasar desapercibida con sus rutinas diarias.

"Silencio", se instaron mutuamente mientras la radio anunciaba noticias de última hora.

La atmósfera se sentía densa en toda la ciudad. El cielo se nubló mientras la niebla se extendía lentamente como si ofreciera el aviso de una tormenta imprevista. La sombra ominosa echó una cortina sobre la ciudad, y el silencio selló muchas lenguas. En casa, todos se quedaron paralizados por la ansiedad mientras papá y tío escuchaban la radio. Las pesadas noticias de un futuro incierto casi rompían las frecuencias de la radio. La espesura del aire, precedida por el silencio del país, revelaba un futuro que más tarde se convertiría en un sueño permanente en la memoria de muchos. ¿Quién iba a pensar que muchos de los habitantes de nuestro país pronto se convertirían en ex terratenientes, ex ciudadanos del país o ex seres vivos? Las noticias del fin de la dictadura somocista llegaban a todas las emisoras que sintonizaban.

La radio sería lo único que se escucharía en casi todos los hogares durante muchas horas. Mientras escuchaba las noticias que salían de la radio del vecino y de mi casa también, me enteré de la dictadura corrupta encabezada por nuestro presidente Somoza y de la crueldad que había infligido a tantos ciudadanos. Sin comprender bien la política y sintiéndome incómoda, seguí tallando dibujos en el suelo con un palo. Incluso me reté a subir a lo más alto de un árbol de guanábana. Subiendo a la cima, consciente de repente de lo lejos que había trepado, grité pidiendo ayuda: "¡Mamá, ayúdame!". Y corriendo en mi ayuda, mi pobre mamá casi tropieza con el umbral de la puerta.

"Ay, Chigüina", regañó. "¡Francisco, ven a bajar a esta niña del árbol!".

Pronto acudió en mi ayuda y me dirigió su mirada característica. Sus ojos pequeños y amenazadores, custodiados por sus largas pestañas, se fijaron en mí mientras pensaba cómo resolver el problema rápidamente. La única solución era que subiera y me cogiera de la mano mientras bajábamos juntos lentamente.

"¿No ves que estamos ocupados?", se quejó.

Un minuto, o incluso un segundo, por insignificante que parezca, puede marcar una diferencia tremenda en el futuro de cualquiera. Yo disfrutaba del minuto de atención que me dedicaba mi hermano y de la seguridad de su firme agarre, pero ignoraba lo que ese minuto significaba para él o para el país. No era consciente de los cambios que el transitorio paso del tiempo podría traer a su vida y me dediqué a mis juegos con el lujo de una infancia sin preocupaciones. Incapaz de dormir aquella noche, busqué en la cocina un tentempié tardío. Al principio, las luciérnagas iluminadas y la melodía de los grillos y las ranas del exterior me despistaron. Entonces, me fijé en dos misteriosas siluetas en la oscuridad. Sentados en el patio, al abrigo de la oscuridad, mis padres hablaban del incierto futuro que les aguardaba.

"¿Qué pasará?", preguntó mamá.

"Tendremos que esperar y ver", respondió papá.

Sus voces tenían un tono aterrador. Mi mente daba vueltas a un sinfín de preguntas que sabía que nunca tendrían respuesta, y el ritmo de mi corazón aumentaba ante la idea de perder a alguno de mis seres queridos. Los rumores, la tragedia y los sucesos desafortunados se extendieron rápidamente por todo el pueblo. Don Domitilo tropezó con una mina terrestre y desapareció sin dejar rastro. Don Clemente desapareció con la embrujada Següa y nunca más se le volvió a ver. Don Pedro habló demasiado y murió por accidente al caer de cabeza sobre una roca; una semana después, su hijo también se perdió en el bosque: un gato salvaje podría habérselo comido vivo. Y así sucesivamente; todas las muertes fueron resultado de una suerte criminal y de calamidades accidentales.

Al día siguiente, todo siguió como de costumbre. Tío Polín regresó a su casa en el bosque. Tras él llegó el hermano menor de papá, tío Ysidro, que había venido en busca de ayuda psiquiátrica para su hija menor. A diferencia de tío Polín, tío Ysidro veía la vida desde una perspectiva drástica y trataba a sus hijos con dureza, despojándolos de la legítima fantasía de la infancia. Los trataba como adultos y les negaba el don de la educación y el juego. Los entrenaba para trabajar y ganarse la vida en cuanto empezaban a andar, como un granjero entrena a su mula. Los niños trabajaban para su padre y se esperaba que murieran cuidando de él. Sin embargo, al igual que ocurre con muchos de nosotros, lo que deseamos no siempre es lo que obtenemos.

El 20 de mayo de 1979, nubes de mal agüero se arremolinaban en el cielo; el aire espeso dificultaba la respiración mientras los cambios se cernían sobre nuestra pequeña ciudad. Se había decidido que el último presidente somocista, Anastasio Somoza Debayle, pronto sería derrocado por el FSLN (Frente Sandinista de Liberación Nacional). Era temprano por la mañana; no recuerdo la hora exacta. Lo único que recuerdo es la sensación de desorientación al despertarnos con el atronador sonido de una explosión en un campo, justo enfrente de nuestra casa.

"¡Terremoto!", gritó mamá cuando la explosión hizo temblar el suelo. Todos corrimos en círculos alrededor de la casa. Poco después, llegó el sonido estremecedor de la sirena de la Cruz Roja, ordenándonos evacuar nuestras casas. Desde el megáfono, nos ordenaron que cogiéramos solo nuestras pertenencias básicas y nos dirigiéramos a un refugio. Todavía incrédulos, salimos corriendo a ver qué pasaba, y fue la primera vez que el olor a azufre casi marcó mis fosas nasales.

Podía ver y oler el aire sulfuroso que había dejado la bomba. Nuestra ciudad estaba siendo atacada. Podíamos oír los intercambios de disparos que empezaban a producirse en los alrededores de la ciudad. Desde 1963, los guerrilleros liderados por los sandinistas se habían cansado del régimen de Somoza y, lenta pero inexorablemente, se arrastraban desde las montañas donde se habían escondido durante tanto tiempo hacia las ciudades cercanas. Iniciaron una diligente campaña de sublevación que acabaría conduciendo a la derrota de la dinastía Somoza.

"Deprisa, sólo tienen unos minutos", instó uno de los sacerdotes a mamá. Sin saber qué camino tomar, el viento de cambio nos hizo girar en círculos, confusos y desorientados. Sin tener claro qué hacer y siendo aún demasiado joven, cogí una vieja muñeca del suelo y me aferré a la falda de mamá. Nada hace madurar más rápido a un niño que la guerra. Mamá agarró lo que tenía a mano y salió corriendo de casa, casi arrastrándonos a mi hermano y a mí en su desesperación.

Mamá recordaba a menudo con qué fuerza nos aferrábamos a ella y hacíamos todo lo que nos decía. Al final, rompí a llorar de terror al ver la estampida de gente que corría hacia las colinas, algunos llevando a sus hijos a hombros, otros arrastrándolos, mientras unos pocos los dejaban atrás, olvidados temporalmente por el dominio del miedo. Aparte de la procesión anual de nuestra Santa Madre María y los desfiles festivos de la ciudad, aún no había experimentado una multitud tan grande; muchas personas se empujaban frenéticamente unas a otras, con la esperanza de avanzar sólo unos metros. "Todo saldrá bien", nos aseguró mamá mientras nos agarraba con sus manos frías y temblorosas. De alguna manera, esa fría sensación de sus manos permaneció en mi mente durante años. La expresión de su cara cuando se giraba de una dirección a otra me mostraba el pánico que sentía cuando oía a mis padres hablar en voz baja mientras estaban bajo la luz de la luna. Temblando de miedo, me las arreglé para seguir el ritmo de mamá, aferrándome a ella con fuerza. Era la primera vez que flotaba en el aire.

"¿Dónde están papá y mis hermanos?", grité.

"¡Ya van a llegar, mi amor!", dijo. "Calla ya y sigue caminando. No puedo creer que ese cobarde de Ysidro se haya escapado sin nosotros", maldijo mamá.

Tío Ysidro llevaba una semana visitándonos, junto con su hija menor, Lúcida, a la que habían diagnosticado trastornos emocionales. Pero al primer sonido de la sirena, tío Ysidro voló en busca de refugio, olvidándose por completo de su hija y del resto de nosotros. Algo que nuestro valiente tío Polín nunca habría hecho. Siguiendo las órdenes de la Cruz Roja, todos caminamos rápida y ordenadamente colina arriba hacia el reputado Colegio Sagrado Corazón de Jesús. La niebla parecía más densa aquel día, pero no tanto como para hacernos desaparecer a todos en su bruma abrazadora. Más bien, como escolares asustados que siguen a su maestro, seguimos a nuestros párrocos que vestían sus sotanas blancas y crucifijos dorados. Sostenían en alto una bandera blanca atada a un mástil de madera para simbolizar la paz. Mientras tanto, sobrevolaban sobre nosotros los aviones de guerra de la Guardia Nacional, que esperaban impacientes a que la Cruz Roja terminara el proceso de evacuación para poder iniciar el inevitable bombardeo aéreo de nuestra ciudad. La multitud corrió hacia nuestro refugio mientras los disparos y los espeluznantes sonidos de la guerra nos alcanzaban. En un momento dado, mamá debió de arrastrarnos; yo solo sentía entumecimiento y un latido más rápido que mis piernas.

Una vez que los afortunados llegamos a nuestro refugio, los relucientes suelos de piedra de El Colegio Sagrado Corazón de Jesús nos dieron la bienvenida, sin importar si alguien había pagado la matrícula. El colegio religioso nos ofreció cobijo en sus estériles aulas. Nos

113

condujeron a un aula del segundo piso con grandes ventanales de cristal que daban al exterior. Mamá se apresuró a coger un rincón y rápidamente empezó a hacer más confortables los fríos suelos con las mantas que había cogido al salir, intentando desesperadamente que el pequeño rincón pareciera un hogar. Mi prima Lúcida temblaba y hablaba continuamente sin sentido. Yo estaba de pie junto a mi hermano Benjamín, al lado de la ventana de cristal, presenciando con asombrada curiosidad cómo el cielo cambiaba de tonos grises a lo que parecían fuegos artificiales de colores.

"¡Fuegos artificiales!". Señalamos y exclamamos asombrados, pero a los adultos de la sala no les importó ni pestañear.

"¡Están tirando luces!", volvió a gritar Benjamín, con los ojos muy abiertos.

Unas estruendosas explosiones siguieron al despliegue de fuegos artificiales, y pudimos ver a través de las ventanas transparentes a las personas que habían quedado atrás y corrían desesperadamente hacia el refugio donde yo me encontraba. En mi edad adulta, una vez pregunté a una psicóloga y amiga por qué algunos de nosotros estamos malditos con unos pocos recuerdos no deseados que nunca abandonan nuestra mente, mientras que otros nuevos pueden desaparecer rápidamente. Me explicó que nuestro banco de memoria sella permanentemente los recuerdos que afectan profundamente a nuestras vidas.

Comprendí entonces que no habría impacto más significativo en la vida de una persona que encontrarse con las vertiginosas caras de la muerte: el inconmensurable daño del que son capaces los humanos. Había un hombre, un civil, que corría detrás de la multitud. Parecía haber recibido un disparo en la espalda. Otros hombres arrojaron sus propios cuerpos sobre los de sus familias con la esperanza de salvarles la vida. Sus cuerpos fueron levantados por los aires por la lluvia de balas que caía del cielo... y entonces huimos lejos de la ventana para acurrucarnos cerca de mamá y de nuestra despistada prima Lúcida en su lugar. Mi mente no supo procesar lo que había visto entonces; en cambio, mi corazón pareció hacerlo, ya que sus acelerados latidos no cesaron durante un buen rato. Aquella noche, Benjamín se ganó la fiebre al hacerse mayor y aprender que aquellos fuegos artificiales eran algo más que sobrecogedores despliegues de luces. Todos en la habitación parecían incapacitados por el miedo; nadie hablaba; los nicaragüenses parlanchines a los que estaba acostumbrada a escuchar desde que nací ya no tenían mucho que decir y ya no sonreían. Compartíamos habitación con mucha gente del pueblo. La mayoría no podía dormir, pero los pocos que cedían nos obligaban a Lúcida y a mí a contener la risa de tanto ruido que se escapaba.

Mamá rezaba sin cesar con la entonación de un predicador, y los que permanecían despiertos se unían a las plegarias. Las oraciones empezaron rápidamente como Ave Marías y se convirtieron en sonidos irreconocibles de dialectos de lenguas extrañas. En ningún otro momento la religión resulta más consoladora que cuando tu vida depende únicamente de milagros.

"¡Mamá, necesito ir al baño!". Dije con ansiedad.

"No te alejes", advirtió, reanudando inmediatamente sus oraciones. Nuestra habitación parecía tranquila en medio del caos mientras las oraciones de mamá apaciguaban los espíritus destrozados.

De camino al baño, me distraje con las aulas abarrotadas, la gente apiñada en el suelo, los bebés llorando por falta de leche y las monjas entrando y saliendo de las aulas en busca de comida y suministros. En medio del alboroto, pasé desapercibida por los pasillos y me adentré en las dependencias de las monjas. Se había extendido el rumor de que sus habitaciones eran santuarios que los ojos civiles no debían ver. Para mi decepción, las habitaciones eran notablemente poco sofisticadas para los estándares de un mundo material, pues el único objeto de admiración sería un crucifijo colgado sobre los cabeceros de las camas.

Las habitaciones estaban vacías, ya que todas las monjas estaban sirviendo a Dios. Por eso, al llegar a los baños, me encontré con suelos inundados y mojados, retretes con goteras, falta de papel higiénico y, lo que era peor, una larga fila de gente esperando su turno. "Que pase primero la niña", me dijo una amable señora. Me apresuré a pasar por la primera puerta abierta, pero pronto me di cuenta de que estaba atrapada en el interior del compartimento. Me entró el pánico.

"Un minuto", dijo una mujer mientras intentaba abrir la puerta.

El minuto solicitado por la mujer se me antojó perpetuo, así que impaciente me apretujé bajo el delgado espacio que había debajo de la puerta, ignorando el agua mezclada con fluidos corporales que goteaba del retrete. El olor de las aguas infectadas de orina me provocó arcadas y contuve la respiración hasta que pude salir. Las mujeres de fuera me miraron con asco, y yo salí corriendo con la cara enrojecida por la vergüenza y el hedor de la orina.

"¡Ave María Purísima!". Mamá se angustió y, mientras yo intentaba explicarle mi situación, me quitó la ropa sucia, usando sólo la intimidad de una manta extendida. La única bolsa que mamá había conseguido traer, que incluía de todo menos comida, sirvió para su propósito. Mamá sacó una manta, ropa y una botella de aceite de ricino y se apresuró a frotar el agua infestada de orina de mi cuerpo, camuflando los desagradables olores. Mientras tanto, mi prima Lúcida seguía ausente, emitiendo únicamente sonidos de "apu, apu" mientras señalaba con los dedos al aire.

"¿Qué le pasa a Lúcida?", le pregunté.

"Sólo necesita alguien con quien jugar", sugirió mamá.

"¡Lúcida! ¿Quieres jugar con mi muñeca?". Le pregunté, y sin respuesta, Lúcida simplemente me arrancó la muñeca y empezó a jugar. Jugamos durante horas y los días restantes con mi vieja muñeca bajo el estruendo de las bombas, los torrentes de las balas y los susurros de los gritos arrastrados por el viento, pero mi muñeca nunca fue devuelta. Mi prima sólo necesitaba atención y un juguete clásico para curar su enfermedad emocional. Una de quince hermanos, se vio afectada por la cartera ajustada y las teorías distorsionadas de mi tío.

"¡Los juguetes no sirven para nada!", decía, sin permitir nunca a sus hijos soñar más allá de sus rutinas laborales cotidianas.

Al cabo de un rato, los niños nos adaptamos rápidamente a los sonidos de los truenos artificiales mientras mamá y los demás fervientes compañeros de piso ponían nuestras vidas en las santas manos de nuestro perdonador padre, Jesucristo, y de nuestra bendita madre, María. Las explosiones resonantes de las bombas aplastaban las calles, y la maquinaria pesada aniquilaba hogares y cuerpos humanos. La reverberación palpitante del miedo de la gente serenaba ahora nuestras vidas.

Mis propios latidos aumentaron hasta niveles a los que no estaba acostumbrada. La gente murmuraba sobre las imágenes de tonos rojos de cadáveres mutilados, partes del cuerpo desaparecidas y vísceras esparcidas que manchaban nuestras calles. Y después de que cesaran los estruendos de las armas y no hubiera nadie más a quien matar, la tenebrosa sirena volvió a indicarnos que reanudáramos nuestro camino de vuelta a casa, como si nunca hubiera pasado nada. La multitud, asustada, recogió sus pertenencias y salió cautelosamente del edificio como ciervos a un prado abierto. Poco a poco, la gente reanudó su camino hacia la ciudad, pero esta vez reinaba el silencio entre la multitud, y nadie empujaba ni se apresuraba para adelantarse, lo que provocó una sensación inquietante entre nosotros. El olor a limpio del aire al que estábamos acostumbrados fue sustituido por la pólvora y un olor a sangre oxidada, junto con un hedor a carne quemada como cuando mamá quemaba la piel de los cerdos en la finca.

En aquel momento, creí que todos habíamos ido al infierno descrito en la Biblia, ardiendo en sus llamas por toda la eternidad. Mamá nos sujetaba por las manos, apretándonos tanto que casi perdíamos la circulación sanguínea. Desde lo alto de la colina que descendía, pudimos ver que la carretera principal que conducía a la ciudad había sido levantada del suelo por los bombardeos y los pesados tanques de guerra; los adoquines, antaño coquetos, quedaron desparramados y desmantelados. El humo cubría el cielo y la destrucción de la ciudad era inconmensurable. Los rumores que habíamos oído antes a la gente y las noticias sobre lo mismo que ocurría en otros lugares del país se habían convertido también en nuestra realidad. Cuanto más nos acercábamos, más rápido se movía todo el mundo y, al llegar, todos se dispersaron en cánticos de desesperación. Nadie sabía qué esperar, o quizá nadie estaba preparado para lo que nuestros ojos presenciarían a continuación.

"¡Dios mío, ten misericordia!", se lamentaba una mujer angustiada, pidiendo clemencia a Dios mientras sostenía en sus brazos a un joven gravemente herido. El pobre hombre se aferraba a sus últimos segundos de vida; su interior se había convertido en su exterior. Pero acabó soltándose cuando el buen samaritano le imprimió la señal de la cruz en la cabeza.

"¡Papá, mamá!", gemían los niños desatendidos al ser separados de sus desconcertados padres. Los niños, como Benjamín y yo, estaban horrorizados. No podíamos discernir la realidad de la fantasía. Y lo único que podíamos hacer era llorar mientras nos sujetábamos la cabeza y vomitábamos ante los abrumadores ríos de sangre que corrían por las calles. Sólo puedo decir que la sensación de náusea perdura durante un tiempo. Mucho de esto, según recuerdo, vuelve a mi mente en forma de pesadillas insípidas y recuerdos lejanos. Aun así, de vez en cuando, la pesadez de mis pies que se negaban a moverse, el hundimiento de mi estómago y la opresión en la garganta que me lleva a perder ocasionalmente el aliento, permanecen.

Como era de esperar en la guerra, no todos lograron llegar a la seguridad del refugio. Un soldado herido gemía con inmensa agonía junto a civiles que no habían logrado escapar. Algunos yacían paralizados por la pérdida de una pierna o un brazo, o se desangraban lentamente hasta morir. El resto estaban muertos física o espiritualmente, y ya no mantenían expresiones en sus rostros. Benjamín, mamá y yo nos agarramos de las manos. Permanecí en silencio, incapaz de pronunciar una sola palabra, y me sentí abrumada mientras miraba a los paramédicos que se apresuraban a transportar a los muertos, y a los que apenas sobrevivían, por cualquier medio disponible: carretillas, tablones de madera e incluso sacos de nailon atados entre sí.

Pensé que era una pesadilla espantosa y esperé a que terminara, a que me dieran otra oportunidad de despertar al lado de mi dulce mamá y del mugido de las vacas, el rugido de los jaguares, el piar de los pájaros y los aromas acariciadores de las orquídeas escondidas. Incluso deseé que la malvada Carlota volviera a pellizcarme, eso seguro que me despertaría. Como era de esperar, nunca desperté, y la pesadilla siguió su curso cataclísmico. Olvidando que estaba a su lado, mi temblorosa mamá siguió recorriendo la ciudad incrédula, junto a una multitud desorientada. Se había convertido en misionera junto con los sacerdotes, asistiendo y ofreciendo una última plegaria a los moribundos; mientras tanto, Benjamín y yo nos entumecimos como muertos. Por suerte para Benjamín, de él podían brotar lágrimas para aliviar el sobrecogedor susto, pero no de mí. En cambio, los nudos de mi garganta no hacían más que apretarme más, haciendo que me doliera el corazón y se me taponaran los oídos.

Por primera vez, vi a los muertos de cerca: cuerpos tendidos en las calles, partes de cuerpos astilladas, manantiales de sangre que fluían por las grietas de la carretera rota, adultos que lloraban como niños, coches aplastados por los pesados tanques de guerra y casas destruidas e incendiadas. Y, para empeorar las cosas, presencié el saqueo de mal gusto de las casas o negocios que quedaban en pie. Permanecimos allí, como niños, agarrados de las manos frías y ensangrentadas de mamá, mientras veíamos el traslado de soldados muertos y heridos hacia y desde mi colegio, el Colegio La Salle, que había servido de morgue temporal.

Fue entonces, y por primera vez, cuando comprendí que nosotros también desaparecíamos en el viento como el polvo. En ese momento, nos habíamos convertido en polvo, ingrávidos e inestables. La primera ráfaga de mala suerte había irrumpido en mi vida, pues crecería en una nación devastada por la guerra y un futuro incierto. Estos nuevos lamentos resonaban por todo nuestro valle, antes tranquilo y brumoso. Mis ojos habían visto demasiado. Mi hermano y yo, sujetando la falda de mamá, habíamos observado de cerca los rostros inmutables y solemnes de la muerte. Los rostros atónitos de los adultos que nos rodeaban a veces me impactaban más que los muertos. Temblaba mientras la inocencia y los sueños de los niños se disipaban en la bruma, y ya no temíamos al Jinete sin Cabeza ni a la Carretanagua encantada, pues nos habíamos convertido, involuntariamente, en niños de guerra. Nuestros sentidos habían sido expuestos a sonidos a los que nuestros oídos no estaban acostumbrados, la cortina de nuestros ojos, antes inocentes, había revelado la tinción de sangre y nuestro sentido del olfato podía relacionar el sabor metálico de la sangre con el paladar al ver la carnicería fresca, que, para colmo, atraía a los zopilotes revoloteando. Los buitres calvos giraban en movimientos lentos y somnolientos sobre el cielo nublado. Se habían vuelto locos por el olor abrumador a carne podrida y el festín humano que se les ofrecía. Cómo llegué a detestar a esas aves rapaces.

La Cruz Roja despejaba las calles de un muerto o herido cada vez. La mayoría de los cadáveres eran quemados con gasolina en las carreteras para evitar enfermedades, pues no había tiempo para entierros adecuados.

La fragilidad de la vida se cernía sobre los habitantes de la Ciudad de la Niebla. Desde ese día, los adultos no paraban de desahogarse sobre lo que habían visto, pero nos reprendían a nosotros, los niños, por jugar mientras se negaban a escuchar nuestras historias de guerra. ¿Habían olvidado que también estábamos allí? Nuestras muñecas representaban a víctimas, enfermeras y heroínas mientras que los coches de plástico se convertían en tanques de guerra y las figuritas de plástico, en soldados. Así era como nosotros, los niños de la guerra, narrábamos nuestras historias a través de los relatos detallados de nuestros juegos explícitos. No cabe duda de que los niños poseen una resiliencia digna de ser emulada a menudo por los adultos.

El 19 de julio de 1979, por fin, después del episodio que había alterado nuestras sencillas vidas, se difundió rápidamente la noticia de que el frente sandinista había derrotado por fin al régimen de Somoza. La gloria de la tan esperada derrota produjo en los nicaragüenses sentimientos de una magnitud inexplicable. La gente se sintió impulsada a soñar, reír y esperar un futuro mejor basado en una auténtica democracia e igualdad para todos. Y cantando la nueva consigna sandinista, los funcionarios del nuevo gobierno desfilaron por las calles enarbolando sus banderas rojinegras en señal de victoria.

Adelante marchemos compañeros,
avancemos a la revolución,
Roja y negra bandera nos cobija,
¡Patria libre! ¡Vencer o morir!

Entonando una nueva canción patriótica que no lograba entender del todo y poniendo fin a lo que quizás fue una de las mayores batallas registradas en la historia de Nicaragua, resonaron en el viento cánticos victoriosos en honor a los caídos que se habían convertido en sombrías pruebas de una causa heroica. Era, efectivamente, el fin de la dinastía Somoza, y todos celebraban la esperanzadora perspectiva de una democracia, del tipo que se disfruta en muy pocas naciones: libertad para expresarse sin miedo a represalias o represión, libertad para soñar y mantener unida a la familia con opciones más allá de alimentos racionados y sandalias de plástico para todos.

Sin embargo, la tierra sangrante necesitaba aferrarse un poco más a su sueño, pues nuestro nuevo y vigoroso gobierno necesitaba una oportunidad para permitir el surgimiento de una nueva Nicaragua, un momento largamente esperado por los resilientes nicaragüenses. Pero la sangrienta guerra aún no había terminado, era apenas el comienzo. El pacífico mundo al que nacimos para amar, entretejido en las sedas de la bruma, las melodías de lo salvaje y la serenidad de su exótica fauna, pasó a un segundo plano en nuestras vidas. Ahora temblábamos una y otra vez con cada explosión abrupta. Y cada vez que el suelo temblaba y oíamos la sirena, corríamos al interior de la casa, traumatizados y adormecidos de nuevo. Nos echábamos en el suelo, temblando como hojas y esperando nuestro fatal destino. Explosiones resonantes, silbidos de balas y tanques de guerra que amenazaban con romper el suelo sustituían la tranquilidad anhelada por el miedo que impregnaba nuestros cuerpos. La primera explosión fuera de nuestro refugio se sintió como un terremoto, pues la detonación hizo temblar el suelo, pero luego vimos humo y escuchamos a mamá llamándonos para reunirnos con ella en la habitación trasera de la casa.

Una vez allí, nos abrazamos todos y nos tumbamos en el suelo esperando que la siguiente bomba cayera sobre nuestra casa. Después de un rato, todo quedó en silencio. El silencio era más aterrador que el sonido en ese momento, ya que no podíamos anticipar lo que vendría después. Esperamos mucho tiempo en silencio y terror mientras nuestros dientes rechinaban incontrolablemente. Podías escuchar el silbido inicial de lo que podría haber sido un mortero y el breve silencio intermedio antes de que alcanzara su destino y explotara. El silencio intermedio realmente te quitaba el aliento, ya que nadie sabía dónde podría caer. Cuando decidimos salir lentamente de la habitación, nos arrastramos con nuestros cuerpos aplastados por la casa, tirando de la parte superior del cuerpo con los brazos y levantando con cuidado la cabeza para mirar por la ventana. Cuando nuestros vecinos salieron, nos apresuramos a seguirlos. Deberíamos haber permanecido dentro de la casa, ya que las impresiones de las carnicerías previas aún eclipsaban mi mente. La victoria sandinista no fue sin contestación, pues brotó una nueva revolución con los revolucionarios de la Contra, apoyados por Estados Unidos.

Bajo nuestro nuevo gobierno amenazado, los nicaragüenses ahora tenían derecho a votar siempre que nadie supiera que habían votado o se convirtieran en víctimas de calumnias. Las clases sociales se reconciliaron mientras todo, desde la comida hasta la ropa, se racionalizaba y uniformaba. Hacíamos cola para recibir nuestras porciones de arroz y frijoles, una barra de jabón por familia, una caja de cereal y sandalias de plástico de color neutro para toda la familia. Nadie tenía derecho a tener más que los demás; ni siquiera los niños pertenecían ya a sus padres, pues, de ser necesario, servirían en la lucha contra la revolución Contra. Pero por encima de todo, había hambre, miseria y un miedo terrible.

Después de un tiempo, las cosas volvieron a lo que algunos consideraban "normal". Regresé a la escuela, donde los fantasmas de la guerra vigilaban sus puertas y manchaban su suelo. Aunque la ciudad estaba despejada y ya no se veían cadáveres, de alguna manera, el olor a sangre oxidada persistía, sin mencionar las perturbadoras imágenes que invadían nuestros pensamientos y sueños.

"Vas a ir a la escuela", exigió mamá.

"¡No!", grité, "¡no quiero ir!". Mamá entonces me abrazó fuertemente contra su pecho y repitió: "¡Debes ir a la escuela!".

Dejando caer mi cuerpo al suelo, supliqué sin parar para que mamá no me llevara allí. "¡Por favor, no!", continué llorando mientras alcanzaba a mi perro Skipper. Agotada por mis patadas y gritos, mamá finalmente me levantó y me llevó a la escuela.

"Estará bien, déjala quedarse", insistió mi nueva y severa profesora. "¡Pronto aprenderá a adaptarse!".

Llorando y extendiendo la mano hacia mamá mientras me dejaba atrás, seguí gritando. Pasaron unos momentos y detesté el lento pero implacable movimiento del reloj. Seguí llorando un rato. Las imágenes de las personas muertas que había visto y que habían sido llevadas a la escuela me llenaron de un terror incontrolable. Y finalmente, después de un extenuante período de sollozos, sonó el timbre de la escuela y llegó el momento más feliz: ¡el recreo! Me indicaron que fuera a jugar al patio, pero terminé mirando hacia el tejado de mi casa a lo lejos. Podía oír a Skipper ladrando y lo llamé desesperadamente.

Quería volver a casa, así que presioné mi cuerpo contra la valla. Sin importarles mi llanto, los otros niños continuaron jugando en los columpios, neumáticos y toboganes. Podía verlos señalándome y riéndose. Hasta que me arrastré por un pequeño agujero bajo la valla y crucé la calle imprudentemente sin mirar a ambos lados. Afortunadamente, el tráfico era sólo un evento ocasional en nuestro pueblo. Terminé a salvo en el dulce confort de mi hogar y en compañía de Skipper.

"Niña, ¿qué voy a hacer contigo?", se lamentó mi pobre mamá.

Levantándome de nuevo, me llevó de vuelta a la escuela, donde fui recibida con una mirada de odio por parte de mi profesora. Aferrada a la falda de mamá, me negué a quedarme. Agotada y avergonzada, mamá finalmente cedió y me llevó de vuelta a casa con ella. Intentó forzarme a volver al día siguiente y durante el resto de la semana, pero sin éxito. Pensé que había ganado la batalla. Tras varias discusiones con papá, mamá decidió inscribirme en un prestigioso colegio de niñas dirigido por monjas, lejos de las escenas traumáticas de El Colegio La Salle. En el fondo de su corazón, estaba haciendo lo que cualquier madre amorosa haría, tomando las medidas necesarias para asegurar el bienestar de su hija. Por lo tanto, incapaz de encontrar una excusa para no asistir, me vestí con un uniforme nuevo y más estricto.

"Apriétale el cabello", instruyó mamá a Tatiana.

"Plánchale de nuevo la camisa y asegúrate de que su moño esté en su lugar".

Mamá inspeccionó cada parte de mi cuerpo con cuidado y atención. Me había levantado a las 6:00 a. m. y me vestí adecuadamente con mi falda perfectamente planchada y plisada, camisa blanca con corbata, medias blancas y zapatos de cuero negro brillante. Me dirigí a mi nueva escuela. Por un momento, me sentí como una de las vacas de papá que era llevada al matadero. Él revisaba y pesaba meticulosamente a las vacas, asegurándose de obtener lo que valían.

"Curiosa comparación", dijo mamá cuando expresé mis sentimientos, y luego se rio mientras salíamos por la puerta: "¡No te preocupes! Hoy serás la vaca más linda del colegio".

Me mostró el largo camino a la escuela mientras ascendíamos juntas la colina hacia las montañas neblinosas. Mamá me habló de su primer día de colegio. Aprender cosas nuevas la emocionaba. También me contó una anécdota: "Una vez, mi escuela se equivocó con mis calificaciones y le dio mis notas altas al peor estudiante, y yo recibí sus calificaciones bajas. Enojada, rompí el boletín de calificaciones en la cara del director, delante de toda la escuela. Me suspendieron, mis padres se sintieron avergonzados y furiosos", relató mamá. Me sorprendió tal confesión, de características tan familiares, pero seguía preocupada por lo que sería de mí sin mamá y mi perro cerca.

Ubicado en la entrada de la ciudad y rodeado por montañas, El Colegio Sagrado Corazón de Jesús me recibió de nuevo, sólo que esta vez las aulas que habían sido desmanteladas durante nuestro refugio estaban nuevamente llenas de pupitres de alumnos. Dándome la bienvenida al Corazón de Jesús, mi nuevo colegio se comprometió a transformar a chicas decentes en ciudadanas autosuficientes, respetuosas de la ley y, eventualmente, en esposas ejemplares. Al principio, me intimidó su tamaño y las rejas de hierro y ventanas de cristal que lo rodeaban, algunas frente a una estación militar recién establecida. Sin embargo, me tranquilicé al adentrarnos en los exuberantes y serenos jardines detrás de la verja cerrada. De alguna manera, los jardines suavizaban la imponente fachada del edificio. La Madre Superiora me esperaba junto a la entrada de azulejos relucientes, impecablemente rígida en su atuendo gris de pies a cabeza. Sonrió suavemente y me examinó con una mirada tan penetrante que automáticamente me hizo decir: "Sí, Madre". Crucifijos e imágenes de nuestro Santo Padre me brindaron paz espiritual y me aseguraron que mi nuevo colegio estaría libre de fantasmas de guerra.

"Yo la llevaré desde aquí", ofreció la Madre Superiora, tomando mi mano y guiando cortésmente a mamá hacia la salida.

Mamá me dio un pequeño beso en la frente y susurró en mi oído que todo estaría bien y que me esperaría en la puerta después de clases. Con lágrimas en los ojos, pero demasiado asustada para llorar, me despedí de ella, que también parecía emocionada, y seguí a la monja hasta mi nueva aula. Sólo me tomó unos minutos acostumbrarme a mi nueva realidad. Sosteniendo firmemente una regla de madera con sus manos ancianas y manchadas por el sol, y parada con la espalda perfectamente recta, mi nueva maestra, La señorita Impura, se presentó y no parecía diferente del maestro abusador del colegio anterior. Debo admitir que me asustaba. De regreso a casa, le conté a mamá lo que había observado, recordé su rostro arrugado y poco amigable y lo comparé con la antagonista de un cuento que mamá me leyó esa noche.

La historia describía a una mujer soltera, de rostro seco y arrugado, que tenía un pájaro que cantaba magníficamente todas las mañanas. El ave era un hermoso y frágil canario que entonaba canciones de libertad, amor y naturaleza. Pero un día, la mujer amargada no soportó más su canto y decidió acabar con el ruido cortándole la lengua al canario. Detesté a la antagonista de la historia por lo que había hecho al pobre pájaro. Sin embargo, elogié al hermoso canario por nunca rendirse, porque, aunque le habían quitado la lengua, seguía cantando canciones silenciosas que resonaban en los movimientos de su pico. Mamá explicó que la moraleja del cuento era: "No importa lo que te quiten; lo único que no pueden quitarte es el alma. Sigue adelante, hija mía, y cántale al mundo si quieres, aunque te corten la lengua como al hermoso canario. Pero debes intentar evitarlo para que otras personas puedan deleitarse con tus hermosas canciones". Sonriendo, mamá cerró el libro y me besó para darme las buenas noches.

"¿Por qué no puedes enseñarme tú en lugar de la escuela?", me quejé.

"Es diferente, mi niña", dijo mientras preparaba mi uniforme para el día siguiente. "Necesitas ir a la escuela, como los demás niños, para que luego puedas contarme historias nuevas".

No fue sino hasta más tarde que me identifiqué con el pobre canario de la historia, que, a pesar de estar silenciado, nunca dejó de cantar. Quizás, mi destino sería similar, y yo llegaría a ser el canario humano que contaría al mundo la historia de un paraíso perdido, en nombre de aquellos silenciados para siempre alrededor del mundo.

Rápidamente me familiaricé con mi nueva escuela y sus estrictas normas. Las reglas eran claras para la mayoría de los niños del pueblo: decir sí a todo lo que los maestros y las monjas ordenaran; mantenerse firme en la fila con la espalda recta, la barbilla en alto y una postura digna, como debe comportarse una dama civilizada. Nada de trepar árboles, ninguna objeción, sugerencia, expresión de ideas ni cuestionamientos a la autoridad. Estas normas probablemente no serían un problema para un niño que nunca había tenido la libertad de montar a caballo, trepar árboles, ensuciarse jugando con animales o que nunca había participado en conversaciones de adultos. Yo, sin embargo, comencé con el pie izquierdo. Olvidé inmediatamente las reglas y me trepé a un árbol con vista al pueblo y a mi casa. Por ello, recibí mi primer castigo después de la escuela. Mientras tanto, esperando junto a la puerta después de clases, mamá estaba allí preocupada por la travesura que ya había cometido.

"Se subió a un árbol durante el recreo olvidando que lleva falda, como una dama", explicó la monja, alterada.

Sin sorprenderse, pero entendiendo mi comportamiento, mamá respondió: "No lo volverá a hacer, Madre Superiora". Satisfecha con la respuesta de mamá, la monja cerró la verja detrás de nosotros, y caminamos hacia casa. La sumisión de mamá me molestó, y aceleré el paso para ir delante de ella. Podía notar por la mirada de la Madre Superiora que estaba en sus planes domarme como a un caballo salvaje. Sin embargo, tras escuchar los muchos ruegos frustrados de mamá, finalmente accedí a hacerla feliz.

En los años siguientes, me aseguré de que mi postura y mis modales fueran impecables, pero mi actitud y mi amor por los árboles y la naturaleza en general siguieron siendo tan tentadores y atractivos como siempre. Aprendí caligrafía adecuada y habilidades de lectura; me eduqué en música, matemáticas, arte, ciencia, cocina, etiqueta, crochet, bordado, historia y religión, incluyendo, pero no limitado a, las lecturas sagradas de la Biblia, oraciones para la misa y a todos los santos celestiales de la Iglesia católica.

Sin embargo, a pesar de mis destacados logros académicos y mi constante esfuerzo por convertirme en una ciudadana ejemplar, recibir detenciones y castigos en aquel colegio era tan fácil como respirar. En un día en que las monjas estaban de buen humor, decían: "Veinte veces: me sentaré o caminaré erguida". En un día desafortunado, la regla de madera tocaba mi piel si no mantenía la postura correcta. Me asignaban detención después de clase si mi uniforme no estaba perfecto, sin importar si intentaba convencer a la maestra de que Tatiana lo había planchado, pues se suponía que yo era demasiado joven. Recibía castigos por no formarme a tiempo, por soñar despierta en clase, y suspensiones escolares si expresaba mi opinión de alguna manera. Debo confesar que me gané unos cuantos de esos castigos y, como resultado, contribuí al prematuro proceso de encanecimiento de mamá.

8

Las Griterías

Hay que sacrificar incluso las cosas más queridas de la vida para obtener el privilegio de la libertad, porque la libertad raramente es gratuita. Por un tiempo, las cosas casi volvieron a su curso habitual. Mamá y papá seguían discutiendo sobre su nuevo romance prohibido y la última cerca rota en la finca. Mis hermanos y hermanas iban y venían de casa a la universidad y, en el caso de Francisco, de casa a los campos de algodón obligatorios y luego de vuelta a la universidad. Allí, las callosidades en sus manos, obtenidas en la finca luchando con toros y domando caballos, le fueron útiles, ya que no le daban guantes para recoger el algodón, y las espinas casi le desgarraban las manos.

Benjamín y yo aún no teníamos preocupaciones, y jugábamos sin cesar con desacuerdos, terminando finalmente nuestros juegos con un empujón y algún que otro moretón. Pero al volver un día del colegio, sollozando y rezando por un milagro, encontré a mamá arrodillada en el suelo de su habitación, con los brazos elevados hacia la imagen de Jesucristo. Rogaba convincentemente por el retorno seguro de mis hermanos a sus brazos.

"Mamá, ¿qué ocurre?", pregunté, confundida por su comportamiento.

"Se llevan a mis hijos", lloró desesperadamente.

Oímos los camiones militares y salimos corriendo. Mamá casi aplastó mis manos mientras nos manteníamos de pie junto a la carretera, presenciando la violación de los corazones maternos que se llevaba a cabo con cruel impunidad. Aparte de la carnicería humana anterior, la Ciudad de la Niebla nunca se había visto más sombría. Había llegado el día del temido reclutamiento militar obligatorio impuesto por el Frente Sandinista.

Como una enfermedad maligna, había llegado a nuestras puertas, llevándose a los jóvenes que el Estado consideraba suficientemente mayores desde la seguridad de sus nidos. Los soldados irrumpían en las casas con sus uniformes de camuflaje y botas negras de combate. Arrancaban a los niños, aún no hombres, de los brazos de sus madres y los arrojaban en camiones del ejército abiertos para perseguir una causa poco clara, que no muchos vivieron para contar. Luego, los conducían a un destino incierto, una base clandestina donde recibían unos días de entrenamiento, si es que había alguno, y después los empujaban al combate con lágrimas en los ojos y el miedo dominando sus mentes. "¡Han convertido a mis tres hijos en carne de cañón!", había dicho mamá, refiriéndose a que los niños servían de carne para los cañones cuando estaban desprovistos de municiones. Los soldados los pisoteaban si se negaban, golpeándolos y arrastrándolos hasta los camiones. Mamá se aferró a la camisa de Carlo y casi fue arrastrada con él, pero fue soltada rápidamente por uno de los soldados que le tiró del brazo y la arrojó al suelo. Seguí a mamá y a mis hermanos, llorando mientras mi corazón se llenaba de impotencia.

Benjamín también lloró e incluso intentó patear a uno de los soldados, pero, molesto y riendo, el soldado lo empujó en el pecho con su rifle y le dijo que esperara su turno. Mamá sabía que la única posibilidad de sobrevivir que tenían mis hermanos menores era el duro trabajo y la disciplina que papá les había inculcado en la finca. Aparte de eso, sólo tenían sueños. Sueños fuertes. Sueños que mantenían a mi familia humana, persiguiendo nuestras vidas con dignidad, a pesar de los peligros que se cruzaban en nuestro camino. Soñábamos con amar y ser amados, con lograr cosas extraordinarias. Marcar una diferencia positiva se convirtió en el sueño supremo mientras los humanos escapábamos de la línea numérica. En un país como el nuestro, los sueños tienden a volverse tan indispensables como el oxígeno y el agua, una necesidad obligada, no una mercancía.

Sintiéndome impotente, apreté con fuerza la mano de mamá mientras permanecíamos en la acera. No sabía qué más hacer. Su rostro se inundó de lágrimas y apenas pude ver sus pequeños ojos color miel. Me esforcé por pronunciar palabras mágicas para calmar a mi sufrida mamá, pero no se me ocurrió nada. En aquel momento, no era más que una niña inútil: me había convertido en la sombra de mi madre. Una inmensa tristeza e impotencia anudaron mi garganta, bloqueando mis palabras. Lo único que mi cuerpo debería haber permitido era que las lágrimas fluyeran libremente, ya que eran lo único que podía representar mi compasión. Pero ni siquiera eso pude hacer. Una vez más, me quedé quieta e inmóvil mientras mamá soltaba mis manos y se unía a las madres que gritaban subiendo por la carretera principal adoquinada y tras los camiones verdes llenos de barro. Los soldados se burlaban de las mujeres apuntándoles con sus rifles y hacia sus hijos pequeños, pero nada parecía importar en aquel momento. Corrí tras mamá. Estaba segura de que los soldados dispararían mientras ellas los maldecían. Antes dulces y sacrificadas, las nuevas madres nicaragüenses resistentes se habían convertido en leonas sin miedo.

Una vez que mis hermanos desaparecieron de la vista y muchas madres desesperadas, incluida la mía, dejaron de correr tras los camiones militares, los ciudadanos sollozantes regresaron a sus hogares llenos de terror. Mamá parecía más delgada que nunca mientras papá permanecía sentado en silencio fuera de la casa, pretendiendo estar mucho más en control de lo que ella estaba, pero sus labios temblorosos y la pesada expresión de sus hombros revelaban que su intento de parecer tranquilo era una mentira. Mostrar tales emociones significaba generar otra profunda tristeza en un hombre como él. Para consolar a mi inconsolable mamá, dijo: "¡Nuestros hijos estarán bien! Son fuertes. Haz tus oraciones y pide a Dios que nos ayude", dijo mientras golpeaba el suelo con un machete oxidado que usaba para podar los arbustos. Luego, juntando las manos y elevándolas hacia el cielo, mamá suplicó a Dios una vez más que la pesadilla terminara. En un día tan triste como aquel, no tenía ganas de jugar. Benjamín fingía jugar con sus coches mientras los empujaba adelante y atrás por una pista en el camino de tierra que había trazado en el suelo. Sin saber qué hacer, me senté en lo alto de un árbol de mango, con vistas a la carretera serpenteante, para ver si podía divisar los camiones que se llevaron a mis tres mosqueteros.

Mamá y papá miraban a Benjamín con desesperación y frustración, temiendo que algún día le llegara su turno. Poco absorbida en el dolor, volví a hacer lo que mejor saben hacer los niños. De forma inconsciente, aprendí a bloquear la realidad con la inocencia de mi infancia. Aunque trataba de comprender mi entorno, retomé naturalmente lo que algunos consideran una rutina normal. No pasó mucho tiempo antes de que una hermosa mariposa me desafiara con sus alas coloridas que se abrían y cerraban, y bajé del árbol para perseguirla.

Como de costumbre, me absorbí en mi propio paraíso, rodeado de bosques, lluvia, mi tortuga Veloz, mi gata

Tigresa y mi perro Skipper, haciendo que los sentimientos de tristeza desaparecieran lentamente. Me convertí en una experta en bloquear la realidad. Aprendí a centrarme en las cosas y en los patrones. Conté árboles para hacer números pares. Los impares me frustraban. Prestaba mucha atención a cómo un transeúnte movía los pies, creaba patrones en los viejos adoquines de la ciudad golpeada y me quedaba mirando las diferentes formas que hacían las nubes cuando el viento las desintegraba lentamente. Pasaron los días sin noticias del paradero de mi hermano. Cada día que pasaba, las mejillas de mamá se hundían por la pérdida de apetito y el incesante flujo de lágrimas. Pasaba con impaciencia de la radio a la televisión y al periódico para enterarse de cualquier noticia. La radio no ayudaba, pues ponía canciones temerarias que crispaban los nervios:

La tumba del guerrillero
adónde, adónde, dónde está
su madre está preguntando
nadie le responderá

Los padres angustiados se mantenían unidos. La religión nos fortalecía, ya que Dios era el único en quien confiar y con quien podíamos contar. Aunque no teníamos malas intenciones, ahora debíamos estar alerta con los Orejas, como llamaban a los funcionarios del gobierno disfrazados de civiles que espiaban buscando "traidores". Un Oreja podía ser cualquiera, incluso un pariente cercano. Era lamentable cuántas personas inocentes morían por calumnias y la envidiosa malevolencia de quienes deseaban hacer daño. Surgió el rumor, que luego se confirmó, de que un día un Oreja entró en la casa de una familia y exigió la virginidad de su única hija.

Cuando el padre se negó, lo acusaron de traidor y desapareció por "accidente: él también tropezó con una mina terrestre", reportaron las noticias. Los incidentes mencionados aumentaron considerablemente en aquellos días: encuentros con minas terrestres, robos, accidentes de coche, el tipo de desgracias que suceden en países sin controles ni equilibrios. Pasaron dos semanas sin noticias de los chicos secuestrados, y no se reportaron batallas.

"No tener noticias, es buena noticia", le dijo un vecino a mamá.

Entonces, de repente, un día, los sonidos de la muerte se infiltraron de nuevo en nuestro pueblo. Todos salieron corriendo de sus casas; vimos cómo un coche fúnebre se acercaba lentamente por la carretera, parcialmente cubierto por una bandera negra y roja. Era el vehículo más siniestro que jamás había visto; sentí un vacío en el estómago al pensar que alguno de mis hermanos pudiera estar ocupando un espacio tan estremecedor. La gente se quedó quieta al ver el coche fúnebre acercarse lentamente, y casi podía oír sus corazones latir mientras se preguntaban quién estaría dentro.

El coche fúnebre avanzaba despacio, a unos ocho kilómetros por hora, reproduciendo una melodía clásica a través de sus altavoces. Era música como la de las películas de terror, que tensa los nervios y agita el corazón. Continuó

141

su marcha lenta mientras tocaba su tonada fúnebre. Pasó por delante de nuestra casa sin detenerse y se desvaneció lentamente en el centro del pueblo. Aliviada y casi desmayándose, mamá se sentó en su silla de madera, aliviada porque el coche fúnebre no estaba destinado a nuestra casa, pero entristecida por la familia donde haría su última parada.

"¿Cuándo terminará esta pesadilla?", sollozaba mamá. "Una de la que quisiera despertar. ¿No hay noticias durante semanas y así es como descubrimos lo que está pasando?".

La gente del pueblo siguió al coche fúnebre hasta su destino mientras llevaba la noticia a la desafortunada familia. Era su único hijo y compañero de escuela de mis hermanos. Mamá temblaba mientras rezaba para que sus hijos regresaran sanos y salvos a sus brazos anhelantes. Hasta que un día bondadoso, un niño llegó a nuestra puerta anunciando, "¡Una carta, doña Nena!". Abriéndola rápidamente, mamá agradeció a Dios que mis hermanos estuvieran vivos y aún juntos. Sentí como si hubiera corrido una maratón. Mi corazón se aceleró de alegría. Ver sonreír a mamá de nuevo era un evento raro. Retirándose a un altar en el rincón de la cocina, ofreció una oración a la Virgen María y a Jesús por cada uno de nosotros y les agradeció repetidamente por permitir que sus hijos jóvenes vivieran.

"Estamos sobreviviendo. Por favor, dile a todos que los quiero", concluía la carta.

"Vamos a la finca", sugirió papá, aunque apenas emocionado, pues una vez allí, tenía que limitar sus excursiones nocturnas. Para ellos, en cuanto a mí, la vida era sencilla. No necesitaban convencerme para ir a la finca. ¡Yo estaba lista para ir! Pero una cosa que nuestro pueblo valoraba, quizás más que el oxígeno, era complacer a nuestro Santo Padre y a nuestra Santa Madre en los cielos, con la esperanza de que bendijeran nuestra existencia en la Tierra. Por lo tanto, antes de volver a la finca, esperamos hasta la muy anticipada celebración anual de la virgen Purísima, una de las celebraciones más populares del país.

"¿Puede su hija acompañar a nuestra Madre María en la carroza?", preguntó un ferviente servidor de Dios a mamá.

"Sí, es un honor", aceptó mamá con una sonrisa orgullosa.

Ileana como ángel para *La Purísima*

Por supuesto, ¿cómo podría negarse? Después de todo, mi rostro aún reflejaba el de un ángel puro en la Tierra. Llegó el día de la celebración y me vistieron con un vestido de seda con alas adheridas a la espalda. Me colocaron en una carroza decorada con motivos tropicales, rodeada de hojas de palma y flores frescas aromáticas. Me indicaron que permaneciera quieta y erguida, con las manos juntas en oración, serena, solemne y angelical. Desfilé junto a la Virgen María por todo el pueblo mientras la gente gritaba: "¿Quién causa tanta alegría? ¿Quién causa tanta felicidad?". Y los fieles respondían, gritando repetidamente: "¡La Inmaculada Concepción de María!".

Los voluntarios que descansaban en cada casa participante nos llevaban a ella y a mí. La procesión se alargaba y los niños esperaban con paciencia los abundantes alimentos y las bolsas de golosinas llenas de caramelos endulzados con caña de azúcar, juguetes de madera, cañas de azúcar recién cortadas, naranjas y limas. Cada casa que participaba estaba bellamente decorada con hojas de palma y altares personalizados. Los dueños de casa repartían comida y recuerdos a las personas que rezaban, cantaban y continuaban con Las Griterías. Finalmente, cansada de mantenerme quieta mientras observaba cómo los niños, incluido mi hermano Benjamín, se deleitaban con los exquisitos bocados, me estresé por no recibir mis proporciones bien merecidas. Había esperado todo el año por este evento, pero como hija de uno de los servidores católicos más activos del pueblo, tenía que ganarme mi recompensa. El trabajo de un ángel requiere esfuerzo. A medida que la gente rezaba y lloraba ante la Virgen y ante mí, me resultaba casi imposible contener la risa ante sus rostros serios y convincentes. Sin embargo, retomé rápidamente mi postura cuando la mirada penetrante de mamá captó incluso mi más leve sonrisa.

Alguien había dicho: "Ella nació sonriendo". Mi corazón se tranquilizó nuevamente cuando noté que Benjamín y mamá tenían muchas bolsas de golosinas para mí.

"¡Esto es especialmente para tu ángel!", le dijeron los dueños de casa a mamá, entregándole una bolsa aún más grande.

Poco después de las famosas Griterías de nueve días, la gente del pueblo retomó su rutina diaria con un tono mucho más tranquilo; sus gargantas debían estar doloridas de tanto gritar mientras disfrutaban de la serenidad. Mi recompensa fue un estatus de celebridad instantánea y el disfrute de los caramelos tradicionales y del dulce de caña. Durante estas celebraciones especiales, la gente se unía más, amparada bajo las creencias religiosas que traían esperanza a sus corazones y las reuniones sociales hospitalarias que los mantenían civilizados. Durante esos nueve días sagrados, el pueblo se sentía en paz, y el dolor por la pérdida de seres queridos y las amenazas de muerte por parte de criminales parecían más soportables. La unidad de los corazones resiste cualquier maleficio.

9

Adiós, mi bella Socorro

Nadie aprecia plenamente a los que queremos hasta que es demasiado tarde y ya no están, solía decir mamá. Además de bombas y sangrientas matanzas, la guerra trajo otros regalos inesperados. En aquella época, Cuba vino a ayudar a Nicaragua con educación y medicinas, incluidas extremidades, para reemplazar las que se habían perdido en la guerra, y como resultado, tuvimos una afluencia de médicos y profesores cubanos.

Nicaragua entró en estado de emergencia, la economía se desmoronó y Cuba acudió en nuestra ayuda, trayendo a las puertas de mis hermanas a unos cuantos admiradores de aspecto decente de la vecina costa de Cuba. El tío Fidel Castro, como se referían a él los políticos nicaragüenses, vino a recordar a los nicaragüenses los aspectos positivos del comunismo y, por lo tanto, envió su provisión de equipos de médicos y maestros con educación gratuita para aumentar nuestra tasa de alfabetización de lo que sería alrededor del 12% al 50%.

Aunque muchas mujeres se enamoraron, se casaron y se trasladaron a la isla de Cuba, mis hermanas permanecieron arraigadas a sus hogares y familias. Por eso, después del reclutamiento involuntario, mis hermanos trajeron a casa a un nuevo amigo de la guerra, un nicaragüense. Luchó codo a codo con ellos y se convirtieron en hermanos de guerra. Era alto y tenía los hombros anchos, ojos oscuros y profundos, y un pelo negro

147

y rizado que apasionó a Socorro. A su llegada, ella dejó caer la escoba, encantando a su pretendiente con su delgada y sensual cintura, su ondulado pelo castaño que le llegaba más allá de la cintura y sus coquetos ojos castaño miel. Se dice que la química entre los dos tortolitos fue inmediata. Las visitas de él se hicieron más frecuentes y mi hermana se preguntaba si tendrían un futuro juntos.

"Es lo único bueno que me ha traído la guerra", presumía ante sus amigas.

El curso académico en la universidad terminó unos meses después, y en el cartel de su coche se leía "Recién Casados". Por aquel entonces, no entendía muy bien el significado del matrimonio; simplemente esperaba la tan esperada recepción. En un día especial, la gente entraba y salía, entregando botellas de refrescos, comida, tarta, globos, mesas y sillas. Mamá corría por todas partes dando órdenes, y Socorro pasaba todo el día en su habitación, nerviosa e inquieta. Como de costumbre, pasé la mayor parte del día jugando con Benjamín, sin saber lo que ese día depararía en el futuro de mi hermana. Después de cansarme, fui a su habitación a verla y esperé mientras ella cepillaba diligentemente su hermoso cabello. Me permitió cepillárselo varias veces antes de ponerse el vestido de novia. Su vestido era sencillo y, al girarse, el suave satén y los deslumbrantes adornos que lo cubrían se desplegaban en una hermosa silueta.

"Me gustaría llevar un vestido como tú", le dije.

"Lo harás", me dijo mientras se maquillaba su joven rostro. Intrigada por la blancura de su vestido y la suavidad

148

del satén, pregunté por qué no podía ser rosa. Arrodillándose a mi altura, me explicó: "El blanco representa la pureza de una mujer; significa que nunca se ha casado antes y que merece a su futuro esposo".

"¿Él la merece?", me pregunté. La pregunta que me rondaba era si él merecía a mi hermosa hermana.

Con mi vestido azul claro en la mano, mamá entró en la habitación y se le saltaron las lágrimas al ver a mi hermana con su vestido de pureza. Pasé desapercibida mientras escuchaba los consejos de mamá, incluido qué esperar la primera noche de bodas. Confundida por lo que estaba sucediendo o el idioma que hablaban, me cambié rápidamente a un vestido azul claro y salí al patio con la cremallera trasera aún abierta.

"Ve a sentarte", ordenó Ernestina. Se había ofrecido voluntaria para ayudar en la boda. "Tu mamá me matará si se te ensucia el vestido", me regañó mientras me ayudaba con el problema de la cremallera.

Nos dirigimos a la catedral del pueblo y nos quedamos asombrados al ver que, más allá de sus paredes esculpidas en oro, los pilares y todas las esculturas de los santos estaban adornados y perfumados con flores del bosque, incluidas las orquídeas que nunca faltaron en mi vida. La sagrada catedral estaba decorada para celebrar y bendecir el paso que Socorro estaba a punto de dar. Sentada y orgullosa, canté con el coro de la iglesia y esperé la gran entrada de mi hermana. Ataviados con sus mejores galas, mis hermanos mayores entraron en la iglesia, confiados como de costumbre. Benjamín les siguió, sonriente y también trajeado. Se sentó a mi lado en las sillas de lino blanco y esperamos impacientes a que comenzara la fiesta. No sabíamos muy bien de qué iba todo esto, pero sabíamos que la fiesta traería abundantes y ricos manjares y un bufé de comida deliciosa. La espera se nos hizo eterna mientras permanecíamos sentados como momias bajo la supervisión de Ernestina, cuya función principal ese día era mantenernos limpios, al menos hasta que concluyera la ceremonia. Sobresaltados por la ensordecedora campana de la iglesia, saltamos de nuestros asientos y tomamos posición. Mi hermana mayor parecía angelical, ascendiendo del cielo mientras caminaba por el pasillo agarrada del brazo del orgulloso papá. Verla tan hermosa y oír sollozar a mamá me preocupó. Socorro cuidaba de mí y era mi segunda madre cuando mamá no estaba o cuando estaba demasiado ocupada y preocupada persiguiendo a papá.

Los recuerdos de mi hermana jugando conmigo y llevándome a la espalda se agolpaban en mi mente. Antes de darme cuenta, me estaba riendo sin control. La risa se había convertido en algo habitual y en un sustituto del nerviosismo. Benjamín me hizo callar con los ojos llorosos, recordándome que todo el mundo estaba mirando. El sermón del cura parecía interminable; mi hermana intercambiaba los anillos con su novio; mamá y papá entregaron a mi hermana, y yo me quedé allí, ingenua ante lo que vendría después.

"¿Por qué mis padres entregan a Socorro? ¿Quién cuidará de mí ahora?", me pregunté en ese momento.

Pensamientos seguidos de más preguntas invadían mi mente, y ya no sentía hambre. La ceremonia terminó, y llegó el momento tan esperado por Benjamín y por mí. Frenéticos por la música, la comida y la multitud, mi hermano y yo nos olvidamos temporalmente de nuestra hermana. Disfrutamos todo lo que nos había sido negado en nuestro régimen alimenticio y nos deleitamos alegremente los dientes con postres, refrescos y ponches de frutas. Tras el festín, hicimos el ridículo, bailando y corriendo hasta marearnos y necesitar respirar aire fresco. Luego, en el patio, vimos a nuestros padres abrazando a mi hermana junto a un coche adornado con papel crepé y globos coloridos.

"Te voy a extrañar, mi niña", lloró mamá. Corrí hacia mi hermana, llorando y aferrándome a su vestido, rogándole que no me dejara. "¿Por qué te vas?".

"¡Vos no entendés!", exclamó ella.

"Tienes razón. No entiendo".

De repente, toda la comida subió por mi esófago, casi obligándome a vomitar sobre el hermoso vestido de mi hermana. El corazón me dolía y me preguntaba cómo podría vivir sin ella. Enfadada con su esposo, le pisé el pie y salí corriendo mientras gritaba: "Te odio". Poco después de que se fue, los invitados bailaron largo tiempo al son de cumbias rítmicas, boleros y románticos clásicos que atraían al cuerpo. Finalmente se retiraron a sus casas con los primeros rayos de la luz matinal. Nuestra casa se sentía vacía. Por primera vez, experimenté una soledad indescriptible en mi corazón. Me retiré al cuarto de

Socorro, miré dentro de su armario vacío y me acosté en su cama. Me dormí reconfortada por su almohada aún perfumada; desperté en una familia más pequeña.

Al día siguiente, al retomar su rutina en la cocina, mamá hizo Gallo Pinto para desayunar. Picó las cebollas llorosas en trozos diminutos, culpándolas por sus lágrimas mientras mezclaba los frijoles negros refritos con los granos de arroz blanco al vapor, revolviéndolos en el aceite caliente hasta que el plato se unificó. Mis hermanos se levantaron temprano y molestaban a mi hermana Francisca para que se despertara. El silencio era prominente mientras nos sentábamos en nuestra larga mesa, mirando fijamente la silla vacía. No podíamos contener las lágrimas. El sentimiento de pérdida era pesado y la incertidumbre sobre su futuro matrimonio con un soldado nos dejaba a todos sintiéndonos inquietos y desolados.

"La vida sigue", aconsejó mamá, recordándonos que la vida continúa.

"Es el ciclo de la vida, algunos vienen y otros se van", agregó papá.

Nos quedamos en silencio. Los comentarios de mis padres sonaban convincentes, pero en ese momento no lograban calar.

10

Érase una vez un amor perdido

Casi un año había pasado desde que Socorro se casó. Mi hermana Francisca volvió a casa de la universidad, junto con mis hermanos Ramón y Francisco. Socorro pasaría su primera Navidad lejos de casa en compañía de su nueva familia. Prometió visitarnos para Año Nuevo si no terminaba en Cuba recibiendo educación gratuita como muchos amigos. La receta favorita de mamá, Gallina Rellena, requería sacrificar una gallina de la finca, por lo que mamá se preparaba para la tarea silbando. El asesinato anual de la afortunada gallina hervía mi sangre mientras mamá salía y procedía a torcerle el cuello hasta quebrarlo y la gallina dejaba de patalear. Acostumbrada a esta forma de vida, mamá entró un poco molesta conmigo y colocó la gallina en una gran olla con

153

agua hirviendo hasta que las plumas se soltaron lo suficiente para extraerlas de la piel.

Juan Carlos en la finca.

"¡Estás cometiendo un crimen!", la acusé.

Por más que intentara explicarme la cadena alimentaria, todavía luchaba por asimilar la muerte de la gallina. La Navidad tenía un encanto peculiar para el espíritu de mi hermano. Juan Carlos, el quinto hijo, era uno de esos personajes surrealistas que traían magia a la vida.

"Tiene el corazón agrandado", le recordaba el médico de familia cada vez que mamá se preocupaba por sus últimos cambios bruscos de humor y lamentaciones.

"¡Ho! ¡Ho! ¡Ho!", anunció mi hermano de corazón dorado cuando entró en casa vestido de Papá Noel, como lo había hecho en los últimos años. Mientras nos tropezábamos y caíamos uno sobre el otro, Benjamín y yo corrimos a saludarlo y a arrebatarle su gran bolsa. Él sonrió y se alejó corriendo de nosotros, burlándose de que no nos iba a dar nada. Sin suficiente aire para atraparlo, esperamos pacientemente hasta que Papá Noel decidió ceder.

"No está mal para un tipo con gran barriga, ¿eh?", se jactó, "Nada mal".

Ver a mi hermano lleno de vida era como ver a un magnífico caballo salvaje, aquel que corre con un espíritu indomable, pero que, si alguna vez se doma, podría ser tu mejor amigo y compañero. Juan Carlos era el tipo de joven que lo daría todo por una buena causa y, sobre todo, por amor. Quizás sea la ley de la vida que los buenos sufran en la tierra y los malos en el infierno, pero, de todos modos, es difícil soportar el sufrimiento de los que más amamos. Mi guapo hermano, maravilloso, lleno de vida y sueños, aún estaba por ser probado bajo esta ley. La vida de un joven excepcional, que ganaba la mayoría de las carreras de cintas en el pueblo e inspiraba a muchas chicas a soñar con él, tomó un giro trágico.

Poco después de su primer destino militar, se dio cuenta rápidamente de que la vulnerabilidad y el dolor podían llegar en cualquier momento. Aunque nunca nos contó su propia historia a nosotros los niños, escuché el relato de los miembros de la familia cuando cuestioné sus incivilizados hábitos de bebida y sus arranques de ira. Por supuesto, los adultos narraban la historia sin la gracia e imaginación de un niño. Escuchando atentamente, recreé una romántica pero catastrófica historia de amor propia y, a través de mi imaginación, me adentré profundamente en el bosque nublado donde se decía que había ocurrido la pesadilla.

Empecé mi viaje al escuchar el relato de dos jóvenes y valientes enamorados. A los diecisiete años, Juan Carlos había sido reclutado en el ejército. Entrenado sólo por unos días, fue a la batalla donde conoció a la bella y joven Esmeralda. Quienes la conocían decían que era también como una hermosa yegua, de figura esbelta y ágil, y con un espíritu salvaje similar al de Juan Carlos, ojos de tigresa y la piel brillante como de una pantera. Esmeralda iba a ser su alma gemela, la que encendía su fuego y hacía que su corazón latiera a cientos de kilómetros por hora, la que lo asombraba y le daba mariposas en el estómago.

Mi imaginación vagaba por los senderos que mi hermano y Esmeralda recorrían ese día. Era una tarde lluviosa en lo profundo del bosque, lejos de casa y de la realidad. Empapado y embarrado, Juan Carlos marchaba por el bosque en perfecta armonía y alerta constante. Esmeralda le seguía de cerca. Abriéndose paso, Timoteo, su camarada de combate, cortaba la espesura de los árboles con un afilado machete. Con el corazón latiendo fuerte ante cada ruido extraño, avanzaron con cautela hasta encontrar el punto cero. Se decía que, vencidos por el cansancio, algunos soldados se quedaban dormidos mientras otros se turnaban para hacer guardia. Esmeralda descansaba suavemente mientras Juan Carlos la sostenía en sus brazos. Ella le dio un beso de buenas noches y le aseguró su amor. Durmieron plácidamente hasta que llegó la hora de reanudar la marcha.

"Despierta soldado, despierta", urgía el capitán, pinchando la bota de Juan Carlos con su fusil y moviéndose con paso firme de un soldado a otro.

Los relatos indicaban que esa mañana era resplandeciente, y la luz del sol se filtraba entre los árboles, iluminando cada paso. El olor a hojas húmedas les recordaba el hogar. El sonido de la selva evocaba recuerdos de paz, y un arcoíris en el horizonte señalaba esperanza. Entonces, la dulce sonrisa de Juan Carlos, de 17 años, desapareció de su rostro por los sonidos insoportables que resonarían para siempre en sus oídos y corazón.

"¡Al suelo!", gritaron los soldados.

Estaban siendo atacados. Sin embargo, desafiando la ley del combate, Juan Carlos agarró a Esmeralda y la atrajo hacia él. Aterrorizados por los sonidos de la guerra y la sangre que teñía de rojo el bosque, se aferraron el uno al otro mientras él disparaba a cualquiera que se cruzara en su camino.

"Te amo, Esmeralda. Me casaré contigo cuando todo esto termine", prometió. Esmeralda se aferró a él como un niño a su madre. Con el tiempo, se dieron cuenta de que la mayoría de los soldados habían desaparecido. Un estruendo resonó entre las hojas mientras el cielo nublado presagiaba una tormenta indolente. La batalla había terminado finalmente, dejando un bosque manchado a su paso. Asustada y conmocionada por el silencio petrificante, Esmeralda intentó alejarse. Antes de que pudiera detenerla, las balas de un soldado opositor herido, que empuñaba un AK47, la convencieron de quedarse allí para siempre.

"¡No!", gritó Juan Carlos. El joven de diecisiete años se había convertido en hombre.

Disparó violentamente hasta que el soldado dejó de moverse, Juan Carlos vació su rifle por primera vez. Su único y verdadero amor terminó mientras abrazaba a Esmeralda y la sangre de ella calentaba su cuerpo helado. El arma que le arrebató la vida la había partido en dos ante sus ojos. Esmeralda se había alistado en el servicio con la esperanza de vivir aventuras emocionantes, como las descritas por entusiastas revolucionarias. El silencio ensordeció sus oídos mientras se sentaba en desesperación, hasta que sus camaradas le obligaron a huir. Mi querido hermano recibió un regalo de guerra que no deseaba aceptar. Retirándose, como había ordenado el general, él y sus compañeros de armas salieron corriendo del bosque sin detenerse. En su estado confuso y delirante, logró preguntar a otros soldados con los que se encontró si habían visto a alguno de sus dos hermanos mayores. Pero ante sus respuestas negativas, perdió toda esperanza de verlos de nuevo.

"Tu hermano Ramón, el alto y delgado, fue visto por última vez llevando sólo un machete porque había sido sancionado", le informó un soldado de otro batallón. Juan Carlos estaba convencido de que debía estar muerto. Luego describió a nuestro hermano de cabello largo. "¿Has visto a mi hermano Francisco?", preguntaba por todas partes.

"No", negaba con la cabeza un soldado, "lo siento".

Desesperado, mojado y desconectado de sus sentimientos, continuó caminando en la única dirección que conocía: de regreso a casa, la finca, al refugio del bosque nuboso. Mamá siguió las recomendaciones de papá y fue a la finca también. Allí, tan sólo con el sonido del bosque, esperaba ansiosa noticias de sus hijos hasta que un día, los perros ladraron al avistar una sombra que se cernía sobre las colinas.

"Aléjate", ordenó papá al intruso, apuntando con su arma, sólo para bajarla cuando vio a Juan Carlos emerger del bosque. Casi sin vida, mi hermano se acercó a la casa y poco después se desmayó al cruzar el umbral. Durante días, sufrió una fiebre inusualmente alta que le provocó terribles pesadillas. En su delirio, gritaba: "¡Muerte! ¡Esmeralda!". Fue entonces durante los delirios de mi hermano, que papá y mamá se dieron cuenta de la trágica historia y el inmenso trauma que Juan Carlos había sufrido.

La idea de no volver a ver a sus otros dos hijos volvió a romper el corazón de mamá, pero Ramón llegó unos días después con una historia similar en los labios. Francisco también llegó una semana más tarde, adormecido por los traumas de una guerra fútil. Benjamín y yo seguíamos ajenos al dolor que sufría mi familia. La vida no había cambiado para nosotros. Seguíamos peleando por nuestros juguetes y esperando ansiosamente la próxima festividad para abrir nuestros regalos. Por eso, sumergida en el paraíso de mi infancia, le pregunté a mamá cuántos días faltaban para Navidad.

"Demasiados para contar", respondió.

La Navidad llegó de nuevo. Sin embargo, esta vez esperamos toda la noche a nuestro memorable Papá Noel, el cual nunca llegó. Tristes y decepcionados, nos despertamos y corrimos a su habitación.

"¿Por qué no viniste anoche?", le preguntamos a Juan Carlos, dándole golpecitos en la cabeza. Enfurecido, nos gritó y corrimos llorando a mamá porque nos amenazó con pegarnos si lo molestábamos de nuevo.

"¿Qué le pasa?". Preguntamos con corazones exaltados.

"Ha crecido y ya es demasiado mayor para jugar a los trucos de Papá Noel", explicó mamá con calma.

"¿Entonces puede alguien más ser Papá Noel?".

Sonriendo, mamá asintió y se alejó, y nosotros seguimos con lo nuestro, jugando, comiendo y peleando, ajenos a la difícil situación de nuestro hermano. Más tarde el regresó y se sentó con nosotros mientras jugábamos a la guerra con los soldaditos de plástico de Benjamín. Los apartó bruscamente, se disculpó por su comportamiento anterior y nos abrazó con fuerza. Aún nos dolía que no fuera Papá Noel, pero le devolvimos el abrazo de todos modos. Después de hacernos cosquillas, se fue al pueblo y nosotros nos quedamos jugando en el patio. La vida había matado su espíritu. Desde ese momento, fue un hombre muerto que caminaba sin sueños, un cadáver viviente sin esperanza ni amor en su corazón. Trayendo más dolor a mi ya atribulada mamá, volvía a casa afirmando ver "demonios azules", como la gente lo llamaba cuando los borrachos estaban muy intoxicados y atormentados por alucinaciones salvajes.

"¡Ayuda!", gritó mamá una noche cuando Juan Carlos llegó a casa ebrio, gritando y amenazando con que se suicidaría y mataría a todos los presentes. Y mamá corrió a ocultar cualquier arma que estuviera al alcance. Yo detrás de ella, como una sombra. No sabía qué hacer y mi corazón saltaba sin control. En unos momentos, los buenos vecinos acudieron rápidamente en nuestra ayuda y lograron sujetarlo. Mamá rogó a los hombres que lo ataran a la cama hasta que finalmente se durmiera. Al día siguiente, Juan Carlos despertó con un fuerte dolor de cabeza y moretones en los brazos, dejados por las cuerdas que lo mantuvieron vivo. Mi nuevo hermano, enfurecido, pasó por mi lado sin decir palabra. Sus ojos rojos e hinchados por llantos de ira, dolor y memorias insoportables.

"Tuvo una pesadilla", intentó explicar mamá.

Una pesadilla en efecto, demasiado horrenda para ser real, pero verdadera, sin embargo. Esto fue otro trágico producto de la guerra. Transformó a mi querido hermano en alguien que ya no se reconocía. Un hombre atormentado eternamente por pesadillas febriles y cambios de ánimo. Forjó un destino incierto, tallado en piedra. La desgracia que le cambio su vida también arrastró a todos sus seres queridos, pues al igual, nosotros también sufrimos con él. Mi bella relación con mi hermano dulce nunca fue igual, pues los sentimientos de miedo reemplazaron nuestra felicidad.

Luego, tres años más tarde, cuando Juan Carlos se preparaba para ir a la universidad, se convirtió involuntariamente en un papá orgulloso. Tras salir con una mujer que insistía en perseguirlo, siendo él diez años menor que ella, se encontró con una inesperada sorpresa y enfrentó el desafío de convertirse en un papá responsable. Y tras el acoso continuo para que volviera a ser soldado en una guerra sin sentido, y después de haber tenido un accidente de coche cuando su jeep militar volcó y más tarde fue empujado contra un coche en sentido contrario por su propia novia, quedó casi paralizado física y mentalmente. Quizás, debería haber ido al cielo ese día.

"¡Dios mío!", exclamó mamá, saliendo apresuradamente tras escuchar el fuerte ruido de un choque justo frente a nuestra casa.

"¡Su prometida, María Magdalena, lo empujó hacia la carretera!", le contaron los vecinos a mamá.

"Parece que discutían, entonces ella lo empujó hacia el tráfico que venía de frente", relataron los testigos, incrédulos.

Llorando histéricamente, mamá casi se desvaneció de pena al ver la yugular de Juan Carlos palpitando, pero afortunadamente intacta, con la ropa rasgada por el impacto y el cuerpo hinchado y ensangrentado. Siempre al lado de mamá, yo le apretaba su mano, la cual temblaba sin control. Al ver a mi hermano sangriento e irreconocible, yo también me congelé. Mis pies se sentían flotantes y mi corazón dolía mucho. Fue la primera vez que yo había visto tanta sangre.

Mamá y los demás seguramente pensaban que él había muerto, pero yo estaba convencida de que mi hermano podría tener nueve vidas; después de todo, había regresado de la guerra, ¿no es así? Además, sobrevivió una vez más porque era un luchador. Unos meses después, tras recuperarse físicamente y salir de un coma, el decidió partir hacia un lugar distante, al cual la gente llamaba "la tierra de los valientes y los libres". Fue entonces que un buen día, Juan Carlos tomó un autobús público en La Estación y dejó atrás a su familia, equipado sólo con una mochila y esperanzas de un futuro mejor, o al menos, más pacífico y lejos de cualquier guerra.

Al despedirme, derramé más lágrimas, preguntándome si alguna vez, las cosas podrían ser igual que antes. Pero Papá Noel nunca volvió a visitar a nuestro hogar. Poco a poco, las cenas familiares se volvieron más pequeñas y en la mesa familiar, una silla vacía nos recordaba nuestra perdida. La casa bulliciosa que antes acogía cómodamente a muchos, ahora se sentía más grande, más silenciosa y más solitaria. Persiguiendo sus sueños de graduarse en la universidad, Francisca, Francisco y Ramón, también se mudaron a la capital, Managua, que estaba a cuatro horas de nuestro pueblo. A mamá le preocupaba dejarlos en casas ajenas. Por eso, suplicó a papá que la llevara a Managua a visitarlos, ya que no podía despegarse emocionalmente de ellos. Me subí en la parte trasera del coche mientras ascendía por la carretera sinuosa. Estaba emocionada por volver a ver a mis hermanos y hermana. Me entretuve contando los árboles al lado de la carretera. Obsesionada con hacer pares de todo lo que veía, conté casi todo hasta que el estómago se me revolvió y me entró un dolor de cabeza de magnitud intolerable.

"¡Detén el coche!", pedí a papá.

Papá se detuvo al lado del puesto de frutas más cercano, vacié el estómago, pero el dolor de cabeza me incapacitó el resto del camino. Llegar más tarde a Managua no mejoró las cosas. Después de ese terrible viaje, mi ropa estaba empapada por la humedad. El caos del tráfico me agotó. Los vehículos avanzaban en todas direcciones. Agobiados, giramos alrededor del pueblo; entramos en una selva que parecía más dura y peligrosa. Incómoda por el calor sofocante, mamá redirigió sus pensamientos hacia reunirse con sus hijos, lo que le dio fuerzas para aguantar. Tomamos turnos para visitar cada una de las casas donde vivían mis hermanos en ese momento. Primero vimos a Ramón, quien había perdido mucho peso y disfrutaba de la vida ajetreada, aunque estaba angustiado por haber obtenido una calificación menos que perfecta en su examen. Luego viajamos a la casa de Francisco, quien había ganado la reputación de ser un ingeniero honorable a pesar de sus traumas de guerra y sus brotes aleatorios. Ambos hermanos aún se permitían soñar.

"¡Vamos a la feria!", anunciaron, sorprendiéndome.

"¿Qué feria?", pregunté.

"¡Ya verás!". En el pasado, Francisco suplía a papá cuando él no estaba, y complacernos seguía siendo gratificante para él. Entré en la feria, iluminada por electricidad en vez de luciérnagas, deseando adquirir todo a la vista. Ignoré mi intenso dolor de cabeza. Me subí a la maravillosa rueda de la fortuna y me dejé llevar por unos instantes en uno de los pequeños placeres de la vida.

"¡Algodón!", exclamó un vendedor de algodón de azúcar.

Ramon metió la mano en el bolsillo, sacó el único córdoba que le quedaba y luego nos entregó a Benjamín y a mí un algodón de azúcar increíblemente gigantesco en una vara de bambú. Mamá asintió, indicando que estaba bien que lo comiéramos, permitiéndonos disfrutar del azúcar en este día especial. Riéndonos al ver cómo la golosina se esparcía por toda mi cara, una vez más parecíamos la imagen de una familia feliz. Unos momentos después, un ataque de tos me dejó el rostro enrojecido y sin poder respirar. Papá, apretándome fuertemente el estómago y golpeándome en la espalda, me ayudó a expulsar el trozo de bambú que se había atorado en mi garganta. Durante mucho tiempo no pude hablar bien; el dolor de garganta hacía casi imposible tragar.

"Por el lado positivo, ¡Ileana tomará un descanso de hablar!", comentó Francisca, causando la risa general. Al día siguiente nos preparamos para regresar a nuestro pequeño encierro. Dando sus bendiciones a mis hermanos, mamá rezó a Dios para que los protegiera bajo su santo abrazo. Después de dejar atrás a sus hijos mientras nos dirigíamos a casa, mamá se secó las lágrimas y nos despidió con la mano. Me alegraba dejar atrás el tumulto de la ciudad y regresar a mi tranquilo pueblo. Aunque extrañaba terriblemente a mis hermanos y hermanas, nada se comparaba con las bendiciones de mi vida ordinaria.

Tres sillas más se encontraban vacías en la mesa familiar. En un buen día cuando llegaba papá, éramos cuatro en la mesa. El vacío y el silencio afectaba el corazón triste de mamá.

11

El peaje de la hora

No puedo evitar sentir un cierto escalofrío ante el tañido de la hora, el tic-tac de los minutos y el tic-tac de los segundos que pasan. Sin duda, el inmenso poder de la inocencia protege el mundo de un niño mientras deambula por él, ajeno a los sucesos que podrían ocurrir.

Nuestras vidas cambiaban. Nada permanecía igual para nadie. Confundida e incapaz de entender lo que acontecía con mis seres queridos, me refugié una vez más en la naturaleza buscando consuelo. No éramos los únicos afectados por la guerra y otras calamidades inesperadas. Me dolía profundamente ver cómo el bosque de mis sueños desaparecía ante mis ojos debido a la constante deforestación y los incendios provocados por el implacable armamento. Las tropas enemigas luchaban sin piedad de una montaña a otra hasta terminar por ese día. Cuando no había incendios, la codicia y el anhelo por la madera tan deseada profanaban mi bosque. El paisaje exuberante comenzaba a cicatrizar al igual que mi familia, y me sentía cada vez más vulnerable con cada tañido del antiguo reloj de la iglesia que anunciaba la hora al son de "Für Elise". Mientras el hechizo de la canción que resonaba por todo el pueblo intoxicaba mi sangre, no lograba desligarme de la ironía de sus similitudes líricas con la guerra. Sus altibajos, las aparentes letras de felicidad, desesperación y heroísmo caprichoso, y a menudo me preguntaba si la guerra se detendría fácilmente como la canción, dejando sólo recuerdos distantes. ¿Volveríamos a nuestros encantadores comienzos? Había aprendido los milagros líricos de la música a través de las enseñanzas de nuestro sacerdote familiar y las obsesivas repeticiones en el tocadiscos de mi madre. No supe el título de estas letras encantadoras hasta más tarde en mi vida, pero "Für Elise" me acompañó durante toda mi infancia a través del retumbar de las balas silbando sobre los tejados y los ecos de las explosiones.

Dependiendo únicamente de un atisbo de suerte y un milagro de Dios, el destino de los nicaragüenses se volvió indefinidamente incierto. Al regresar a la finca para escapar de los interminables años de guerra y no de vacaciones, papá se preocupaba por cuidar de sus seres queridos mientras cumplía como un buen ciudadano. A menudo, huéspedes no invitados con ametralladoras colgadas al hombro aparecían en la finca y exigían servicios. En ese momento, no importaba a qué bando pertenecieras, si es que pertenecías a alguno: sus sangrientas armas te hacían tomar decisiones rápidas. Un día, el persistente ladrido de los perros nos alertó de que pronto llegarían algunos visitantes no esperados. Papá nos ordenó que entráramos en la casa rápidamente. De pronto, soldados armados y hambrientos irrumpieron en nuestro hogar y se apropiaron de cuanto pudieron encontrar. Papá mantuvo la calma y la compostura. Proveyó la comida que exigían esperando que se marcharan antes de que la oposición también decidiera visitarnos.

"Ven aquí, cariño", me indicó el capitán, acariciándome la cabeza mientras me sentaba en su regazo.

Papá tragó saliva; si uno lo conocía bien, sabría que estaba nervioso. Actué según las instrucciones del soldado y como mi padre me había enseñado a comportarme, especialmente en momentos en que la vida de otros dependía de mí. Me senté en su regazo, mostrándome imperturbable después de que papá me diera su aprobación con un gesto. Recuerdo los ojos del soldado, que me recordaban a los de un jaguar. Eran verdes, el color de mi bosque, pero también rojos con resplandor sangriento. Quizás había presenciado mucha matanza y sus ojos habían capturado esas imágenes —eso solo él lo sabía—. Llevaba el cabello cubierto con un pañuelo. Luego, rodeándome con sus brazos, me preguntó mi nombre. Mi lengua se congeló momentáneamente bajo su olor. El soldado también olía a azufre, lo que me dio un escalofrío instantáneo.

169

"Ileana", respondí, disgustada por el olor de su armamento. En ese momento me di cuenta de que llevaban al diablo con sus armas malignas y sulfurosas.

"¿De qué lado estás?", me atreví a preguntar.

Él me miró intensamente y, ignorando mi pregunta, formuló otra: "¿Hay más gente en la casa, cariño?".

"No", respondí mientras le devolvía la mirada. Aprendí a controlar mis emociones conteniendo un poco la respiración, lo que también ayudaba a ralentizar los latidos del corazón. Entonces, me apartó de él. "¡Vete a jugar!", dijo, volviéndose hacia papá, "Tu hija pronto se convertirá en mujer. Cuídala con prudencia".

Asintiendo con la cabeza, papá se hizo a un lado mientras el soldado se servía más comida. Una vez que se fueron, mi familia se reunió de nuevo y vi el estrés de nuestro nuevo modo de vida reflejado en los rostros tensos de mi vulnerable familia.

"Buen trabajo, Ileana. La próxima vez, no hagas preguntas", me dijo papá. "Pues una pregunta de nosotros puede dirigir a más de ellos. El silencio es la mejor defensa". Agrego papá.

Al día siguiente, papá intentó reanudar un horario regular. Me invitó a ver un embalse construido para bombear agua. Era sólo una comodidad para papá, pues las lluvias eran abundantes y no necesitábamos almacenar agua.

"¡Ileana, ven!", me invitó.

"¡Sí, papá!", respondí alegremente, saltando de felicidad.

"Entonces ve a preguntarle a mamá".

"Mamá, ¿puedo ir con papá al embalse?".

"No, recuerda la última vez que casi te ahogas al cruzar el río", me recordó.

"¡Por favor, mamá, por favor!", insistí, "estaré segura con papá".

"Haz lo que quieras, pero no vuelvas llorando". Me advirtió.

Encogiéndose de hombros, mamá retomó su tarea celestial y continuó rezando junto al fuego. Me subí a la montura del caballo con papá sin reservas, y él me rodeó con sus brazos. Llovía, como de costumbre, y podía oír las gotas de lluvia caer desincronizadamente sobre las hojas. Estaba segura de que la lluvia calmaría la turbulencia del país y limpiaría toda la sangre derramada en los campos de batalla y caminos destrozados. Papá disfrutaba del paisaje y yo de su compañía; me hacía sentir valiosa.

En el camino, señaló los distintos tipos de musgo, los árboles caídos y los helechos favoritos de mamá. La niebla se volvía más densa y amenazante conforme avanzábamos en el bosque. Pronto, cuando el caballo se detuvo y se negó a cruzar el río, deseé haber estado rezando con mamá, pero era demasiado tarde. Papá estimuló al caballo con las espuelas, forzando al animal reticente a entrar en el río embravecido, mientras este giraba su cuello en señal de protesta. La fuerza del río habría sido temible para cualquiera, excepto para mi valiente papá, que continuó estimulando a nuestro caballo con las espuelas. Los recuerdos de nuestra última visita regresaron, y volví a llorar.

"Oh no, no otra vez", reprochó. "Debes dejar de actuar así. El agua no es peligrosa a menos que le tengas miedo. Te ayudaré a superar ese temor de una vez por todas".

"¡Por favor, no!", seguí llorando.

Papá cabalgó durante lo que pareció un periodo interminable; con un tono tranquilo y severo, simplemente ignoró mis llantos y súplicas. Llegamos al imponente embalse. Se bajó del caballo, me bajó y me sentó en un tronco de árbol cercano. La soledad golpeaba mis sentidos mientras me sentaba en el oscuro y húmedo bosque, en compañía de un padre que, carente de miedo, resultaba tan intimidante que me hacía sudar incluso en un día fresco y lluvioso. Después de inspeccionar el embalse y tomar medidas, papá me miró, sonrió y anunció que habíamos terminado. Respiré aliviada; sentí como si la vida regresara a mi cuerpo atemorizado. Pero antes de que pudiera celebrar, papá me levantó por las axilas y, en lugar de colocarme sobre el caballo, terminé en el borde de aquel profundo y oscuro embalse. Sollozando, le supliqué a papá que no me dejara allí.

"Vamos", exigió con firmeza, "¡Cruza!".

Mirando hacia el agua profunda, no podía controlar cuánto temblaba mi cuerpo. Mis piernas débiles y temblorosas se sentían pesadas. Mis gritos probablemente se hicieron más fuertes a medida que papá se volvía más insistente.

"No mires al agua", exigió.

"Eso es fácil decirlo para ti", reproché.

"Muy bien, supongo que tu mamá tendrá que venir a buscarte".

Papá comenzó a alejarse hacia su caballo. Ante la idea de quedarme allí sola, comencé a mover mis piernas temblorosas, pero el miedo y los chillidos incontrolables casi me impedían mantenerme erguida. Cruzar un embalse de agua rectangular de seis metros no sería divertido para nadie en su sano juicio. Llorando y temblorosa, intenté caminar recto y rápido por los estrechos bordes de aquel embalse profundo y hostil. A mitad de camino, me paralicé. Papá me amenazó con su mirada severa.

"Termina o te quedarás aquí". En ese momento, no estaba segura de qué me asustaba más, si papá o el oscuro embalse. Me dolía el estómago, sudaban mis manos y mi cuerpo entero se sentía entumecido por la respiración superficial. Ya no sentía mi rostro. Las hojas caídas me deslumbraron mientras miraba al agua. Hipnotizada, me encontré con ganas de saltar hacia el embalse. Pero antes de perder la razón por completo, papá me atrajo hacia él y me quedé mirando directamente a sus penetrantes ojos avellanos.

"¿Qué te pasa?", preguntó con molestia, colocándome de nuevo sobre el caballo mientras negaba con la cabeza. "No hay lugar para el miedo en este mundo. Al final, tendrás que enfrentar tus miedos. La vida no es sólo juegos y sueños", continuó mientras guiaba a su caballo para acelerar.

173

En ese momento, no tenía nada que decir. Habría entendido si papá hubiera bajado a mi nivel y hablado en términos apropiados para mi edad. De camino a casa, sólo escuchaba el clip-clop del caballo y los restos de las gotas de lluvia. Su sonido en los charcos de barro penetraba mis oídos; me sentía miserable y culpable por decepcionar a papá. Además, mis oídos se llenaban con la retórica continua e insistente de papá sobre cómo y por qué debería perder el miedo al agua. Para papá, el agua era el mejor amigo del hombre.

"Mira a tu alrededor", decía. "Sin agua, este hermoso paisaje no existiría, ¡y nosotros tampoco!". En ese momento, no podía decidir si el agua era realmente una amiga cercana; para mí, tenía un carácter fuerte y no le gustaba que abusaran de su amabilidad. Papá y yo éramos similares en muchas cosas, pero lo que no podía igualar era mi propio miedo y la ausencia de este en mi papá. Después de todo, ¿quién era yo para reprocharle lo que acababa de hacerme? Los padres siempre quieren lo mejor para sus hijos, aunque a veces lo mejor sea diferente de lo que parece. De regreso a la seguridad de mi querida cabaña, nos recibieron con una taza caliente de bebida de cacao y frijoles endulzados envueltos en tortillas de maíz recién hechas. El aroma de la comida de mamá me devolvió la vida. Abrazándola fuertemente, le dije que la quería. Me miró dulcemente a los ojos y dijo: "Por tu cara, veo que has pasado por tu propia tormenta, ¿verdad?". Incapaz de responder, simplemente la abracé de nuevo. Me sentó en su regazo y le dio a papá una parte de su opinión sutil.

"¿Lo hiciste de nuevo?", le reprochó mamá.

"Sí, lo hice y lo haré de nuevo hasta que sea necesario", afirmó orgulloso. "Ileana tiene que aprender a enfrentarse a sus miedos".

"¡Así no se le quita el miedo a nadie! ¡Solo estás empeorando las cosas para ella y para ti!", exclamó.

Triste como siempre por él, mamá se sentó a mi lado mientras jugaba con mi comida. Después de comer, una tormenta intensa me distrajo temporalmente. Los relámpagos caían con más frecuencia y el cielo se había oscurecido. Gota tras gota, la lluvia llenaba lentamente las orillas del río. Hora tras hora, cada gota celestial ayudaba a crear un torrente poderoso que se deslizaba por las colinas con una fuerza hipnotizadora, capaz de arrasar con todo lo que se cruzara en su camino. Me recosté en el alféizar de la ventana y observé solamente el constante aguacero.

"¡Ileana! ¡Aléjate de la ventana! Sabes que no es bueno estar junto a una ventana cuando hay relámpagos", me llamó mamá, interrumpiendo mi encantamiento. Eventualmente, Benjamín se unió a mí y señaló el poderoso arroyo de montaña que se había convertido en río y comenzaba a inundar las plantaciones. Esa noche, Benjamín compartió conmigo sus juguetes de soldados de plástico y jugamos armoniosamente una batalla, usando los efectos sonoros de la tormenta.

Mamá estaba junto al fuego en la cocina, silbando y cocinando al mismo tiempo. Se le veía muy animada. Parecía que se había maquillado y se había cepillado el cabello más de una vez, algo que usualmente hacía para salidas especiales. Al volver, se ocupó de nuevo preparando buñuelos para que papá los disfrutara con una taza de café. Ya fuera que discutiera con papá o no, su rol como ama de casa permanecía igual. De algún modo, mamá encontraba paz en sus oraciones y cocinando. Hacer buñuelos se había convertido en una rutina mientras enrollaba lentamente la masa de maíz una y otra vez, estirando cada bolita hasta hacerla pequeña. Una vez terminó de hacer más de treinta bolitas, preparó jarabe de caña para cubrirlas.

"¿Quieres ayudar?", preguntó. "Mezcla un poco de azúcar morena, canela, vainilla y listo. Ayúdame a esparcirlo sobre los buñuelos". Me pasó el jarabe. Lo acepté, aliviada de estar de nuevo con ella.

"¿Puedo esparcir azúcar encima?"

"¡Claro! Sólo no comas todavía".

Molesta por no poder probar el azúcar, miré hacia nuestro supuesto nuevo perro guardián, escondido bajo la mesa.

"¿Qué le pasa a Misuterri?", pregunté.

"Se ha escondido ahí desde que comenzó la tormenta. Le tiene miedo a los relámpagos, ¿recuerdas?", dijo mamá, riéndose.

Según mamá, un día Misuterri estaba cerca de un árbol cuando un rayo le golpeó, y desde entonces le han asustado las tormentas. Qué irónico, pensé. Nuestro duro perro guardián ahora era un cachorrito asustado bajo la mesa. No pude evitar sentir empatía por él. Después de todo, yo sabía mejor que nadie lo que se siente tener miedo a algo. Así que, después de comer algunos buñuelos, me uní a él bajo la mesa. Sus ojos llorosos de cachorro me conmovieron. Lo abracé y sentí cómo su corazón latía rápidamente.

Acariciando su espalda, escuchando las oraciones de mamá y el crepitar de la madera ardiendo, fue la receta perfecta para que ambos nos durmiéramos. La lluvia seguía cayendo; finalmente, papá llegó a casa empapado por las lluvias torrenciales y disfrutó de los buñuelos calientes y su bebida favorita, un fuerte café negro servido en una jarra de barro. Mis padres se sentaron junto al fuego y conversaron como si nada hubiera pasado. Más tarde, me encontré en mi acogedora cama.

Dormí toda la noche hasta que el inquieto gallo me despertó a otra hermosa mañana. Para entonces, la lluvia había cesado, dejando tras de sí un arcoíris colorido y el tentador olor a tierra mojada y bruma refrescante. Calzando mis botas rojas de agua, salí a observar el pastoreo de las vacas, pues sabía que esa sería la principal labor del día. Al dirigir las vacas hacia la derecha, papá me miró y me llamó para que me uniera a él. No tardó en volver a hechizarme con su encanto. Después de todo, era mi héroe y el mejor papá del mundo. Yo sabía que, en lo más profundo de su corazón, yo seguía siendo su niña. Así que allí fuimos de nuevo, en busca del próximo desafío difícil.

Las mañanas en la finca siempre eran absorbentes y llenas de acontecimientos. Las montañas dominaban el paisaje y la niebla que circundaba el cielo desprendía el fresco rocío matutino, un alivio para mis pulmones. Vestida con jeans azules y botas de agua rojas, me quedé afuera, estirando los brazos al aire mientras tomaba profundos respiros. Absorbiendo cada segundo en el aislamiento que tanto había deseado durante nuestro tiempo en la Ciudad de las Brumas, esperaba que la vida se detuviera y me permitiera permanecer en ese momento para siempre. El oxígeno liberado por los diversos árboles y plantas, incluidas las exóticas orquídeas, me brindaba una alegría inolvidable. Aunque impactante y, a veces, mística, nuestra finca forestal también estaba llena de rutinas y aventuras diarias que involucraban a todas las personas y animales. Todos tenían un trabajo que hacer y una contribución que aportar. Las vacas pastaban y proporcionaban leche de calidad, los toros descansaban sobre las vacas, las gallinas ponían y cuidaban sus huevos, las serpientes se deslizaban y robaban los huevos de las gallinas, y los trabajadores asumían sus posiciones. Me tocaba la tarea más desafiante de recorrer la finca y supervisar el bienestar de su fauna. Papá me hizo señas para que me acercara rápidamente, ya que él ya había comenzado con su trabajo. Sabía que yo siempre estaba lista.

Cogiendo la mano firme de papá, tuve que enfrentarme rápidamente a otro miedo. El desafío era cruzar de un lado a otro del corral, entre vacas de cuernos afilados. Mi cabeza apenas llegaba a la ubre de una vaca y no tardé en sentir terror nuevamente. Papá, intrépido, me animó a cruzar. Logré atravesar el corral de piedra con mucha más dignidad que en el embalse. Luego entré en el establo con ánimo renovado para observar el proceso de ordeño. Cantando a las vacas mientras las ordeñaba, Pedro, un trabajador fuerte y dedicado de la finca, me hizo señas para que probara. Pedro era un hombre cuya complexión musculosa evidenciaba las horas de luchas, domar caballos y levantar niños si era necesario. Siempre riendo y mostrando algunos dientes faltantes por altercados físicos locales, llevaba la vida sin preocupaciones. Me quedé detrás de él, fascinada.

"¿Queres intentarlo?", preguntó.

Me senté en su taburete de madera, doblé las rodillas y masajeé cuidadosamente la ubre de la vaca, llenando mi taza con leche caliente y espumosa. Cuando terminé, caminé hacia la casa de lechería, tratando de no derramar nada, y me senté en la mesa de la cocina esperando que Felicia me sirviera Gallo Pinto y huevos estrellados.

"No entiendo cómo podés comer tanto, niña", solía decir Felicia, consternada, mientras yo me bebía mi gran taza de leche y dejaba el plato reluciente.

Llegó otro día, e hice lo que mejor sé hacer: sacar de quicio a mamá. Sentada junto a la ventana, canté repetidamente a San Isidro Labrador, el santo de la lluvia, mientras observaba cómo la lluvia torrencial volvía a llenar los acueductos.

San Isidro labrador, quita la lluvia y pon el sol...

Esperando que San Isidro realizara el milagro de llevarse la lluvia, seguí cantando, pero él nunca me escuchó. La lluvia continuó cayendo durante varios días. Mi joven mente debió olvidar que el verde de la selva tropical que tanto amaba provenía de aguas tan torrenciales como estas. Así que, San Isidro sabía mejor qué hacer en lugar de conceder los deseos de un niño ignorante. El agua, a veces fuente de vida, parecía que podría ser el fin de la mía. En días de tormenta, mamá se quedaba adentro, rezando muchos rosarios y novenas. Después de hacerse la señal de la cruz, oraba a todos los santos del cielo por cada necesidad: San Isidro por la lluvia, Santa Bárbara por los truenos y relámpagos, San Francisco de Asís para proteger nuestros animales y, finalmente, a mi dulce hermana Amanda, nuestro ángel guardián en el cielo, para que intercediera por nosotros.

Sin miedo, papá seguía con sus labores como siempre, lloviera o hiciera sol. Tras diluvios como este, se disponía a liberar agua del embalse. Su razonamiento para llenarlo excesivamente no era una medida preventiva contra la sequía, sino más bien una manera de facilitar el traer agua a nuestra finca; por lo tanto, se necesitaba un seguimiento constante. Tras sus oraciones, mamá se reía con sarcasmo triste: "Claro, ese mentiroso siempre está revisando el embalse", pensaba en voz alta mientras intentaba inmediatamente reformular sus pensamientos.

"Mentiroso... ese embalse que se llena".

"¿Qué quieres decir, mamá?", pregunté. ¿Cuándo vuelve papá a casa?".

"Nunca, si se encontró con La Següa", se rio.

Empecé a preocuparme. "¿Quién es La Següa?".

"Ven, siéntate aquí", dijo ella, y comenzó el relato.

"La Següa es una mujer que quedó embarazada de un dios. Fue una madre espantosa porque una noche abandonó a su hijo para encontrarse con su amante. El niño murió, y Dios la maldijo. Parece hermosa a primera vista, pero cuando un hombre se acerca, se convierte en una abominación, demasiado fea para que la mire una persona. Es una bruja que vive en el bosque, pero puede aparecer en cualquier parte. Atrae a los hombres caminando desnuda, pero tan pronto como un hombre la toca, su cuerpo joven y delgado se transforma en un cadáver. Vuelve locos a los hombres con horribles maldiciones y llorando por el hijo perdido que dejó morir en lo más profundo del bosque", explicó mamá. Horrorizada, me pregunté si La Següa podría alcanzar a papá.

"Basta ya de La Següa", concluyó mamá, "vamos a ver cómo alimentan a los cerdos".

Salimos y nos distrajimos con el frenesí de la alimentación. Noté que un cerdito no comía bien, así que se lo señalé a mamá.

"Si no come, morirá", me dijo. Corrí a la cocina, agarré una vieja botella de leche, la llené y volví junto al cerdito moteado.

"No lo hagas; estás alterando el ciclo de la vida", me advirtió mamá.

"No voy a dejar que muera", afirmé.

"Oh, Ileana, ¿cuándo dejarás de darme tantos dolores de cabeza?". Mamá seguía quejándose cuando papá regresó. Mamá le contó cómo había alimentado al cerdo con un biberón. Claro, un granjero nunca debería encariñarse demasiado con su propia cadena alimentaria, y él me reprendió por intentar ayudar al pequeño cerdo.

"Por favor, déjamelo a mí; yo me encargaré de él", le rogué.

"Basta, no puedes ser dueña de todos los animales de mi finca", se negó, tan irritado conmigo como lo estaba mamá. Papá aprovechaba cada oportunidad en que mostraba preocupación por un animal para darme una lección sobre cómo debería comportarse la hija de un finquero.

"No tiene sentido que trates de domesticar a cada animal que ves. A este ritmo, me arruinarás. Dios nos dio los animales, las hierbas y los vegetales para que los consumamos. Es parte de la naturaleza y debes aceptarlo".

Sus palabras paternales entraban por un oído y salían por el otro. Estaba convencida de que proteger a los animales del dolor sería una de mis muchas misiones. Trataba incansablemente de evitar el sacrificio de más animales, y como resultado, mis padres intentaban ocultarse cada vez que necesitaban "curar" a un animal. No me dejaba engañar fácilmente, sabía bien lo que significaba "curar" y, aunque no lograba evitar futuras tragedias médicas, al menos me aseguraba de que escucharan mis opiniones sobre el tema, algo que realmente les disgustaba.

"Te quiero", decía siempre mamá, "y Dios también me quiere, porque me da toda la paciencia del mundo para lidiar contigo". Pero riendo y sacando la lengua, Benjamín se burlaba de mí porque no siempre conseguía lo que quería. En ese episodio de nuestras vidas, gozábamos de una inocencia absolutamente inconsciente.

12

Ganso, no más

Y luego llegó el ganso. Como siempre, hay cosas que nos disgustan y que frecuentemente deseamos eliminar de nuestras vidas. Los hermosos pero irascibles gansos blancos eran los que me hacían correr todos los días en la finca. Correteándome, molestos por mi intrusión, siempre intentaban picarme por detrás. Aunque solían huir de papá, me perseguían a mí, por lo que los detestaba profundamente. Benjamín y yo nos divertíamos mucho jugando en los charcos que dejaba la lluvia y mirando el arcoíris que parecía rozar las montañas en los últimos destellos de luz verdadera del día. Mientras tanto, un ganso obstinado seguía persiguiéndome. No lograba alcanzarme, ya que yo era más rápida, pero hubo demasiados escapes por poco.

"¡Auxilio!", grité, "¡este ganso está a punto de morderme!".

"Entonces entra", me instó papá mientras espantaba al ganso.

Mamá estaba preparando tortillas frescas y frijoles negros hervidos para la cena. Benjamín dijo que quería jugar con sus soldaditos de plástico y siguió a papá hacia dentro de la casa. Los perros yacían perezosos en el porche y yo sabía que papá había vuelto a afilar sus cuchillos y machetes. Siempre revisaba cada herramienta con meticulosidad mientras se preparaba para el día siguiente. También sabía que entraría a su habitación y organizaría su ropa mientras le decía a Benjamín: "Siempre debes de estar listo para correr, porque un hombre nunca debe ser sorprendido en calzoncillos, ni desprevenido".

Continuaba impartiendo sus palabras de sabiduría a su hijo, pero mi hermano sólo escuchaba y continuaba con su juego. A menudo me preguntaba qué quería decir papá, pero por si acaso, yo también dejaba mis cosas listas cada noche. Se convirtió en una costumbre útil al despertar por la mañana y alcanzar a papá para reunir a las vacas. A veces me preguntaba si Dios se había equivocado y nos había intercambiado a mi hermano y a mí antes de nacer. Mi hermano debería haberlo estado siguiendo, y yo debería haber estado durmiendo hasta tarde. Pero Dios nunca se equivoca; todos tenemos nuestro destino. Papá salió de nuevo al porche.

"Se está haciendo tarde. Entra ya", ordenó papá.

"¡Ya voy, papá!", respondí, huyendo de nuevo del ganso.

De repente, un sonido impresionante fue tan fuerte que quedé temporalmente sorda. En cuestión de segundos, corrí hacia papá, quien rápidamente me llevó dentro de la casa y luego me lanzó al suelo. Estábamos en la línea de fuego. Los enemigos habían cruzado nuestro camino una vez más, pero esta vez no les importaban nuestras vidas civiles insignificantes. A pocos metros de donde estaba jugando, explotó una bomba. Nos echamos al suelo mientras una lluvia de balas perforaba nuestra casa y más bombas caían. Papá nos hizo morder un trozo de tela para evitar que nos mordiéramos la lengua. Nos quedamos lo más planos posible en el suelo, temblando, esperando que nuestras vidas terminaran.

Mamá rezaba a Dios, a Amanda y a todos los santos que se le venían a la mente, haciendo que ese momento fuera aún más aterrador. Benjamín y yo temblábamos de pánico. Papá trataba de mantenerse fuerte mientras nos abrazaba impotente. El miedo tomó posesión de nuestros cuerpos y, después de un rato, ya no sentimos nada. Luego, una calma expectante me invadió, y simplemente esperé transportarme a la otra vida. Después de todo, estábamos seguros de ir al cielo porque habíamos rezado suficiente.

Estábamos preparados. Nuestros cuerpos quedaron inmóviles, nos tomamos de las manos y cerramos los ojos. Me sentí adormecida de nuevo, como cuando estaba en el embalse de agua, pero en un momento determinado, estaba segura de que ya no sentía miedo. Las balas resonaban en el techo metálico y en las tablas de madera de las paredes mientras partes de la casa se astillaban. Parecía interminable. Sin duda, fue un día para nunca olvidar, pero no fue el día para morir. Después del ataque, asomamos cautelosamente al exterior. Una bomba cercana había acabado con los gansos. Un inmenso remordimiento por haber deseado que el ganso dejara de perseguirme y desapareciera me invadió y me provocó un escalofrío incontrolable. Ojalá pudiera volver atrás en el tiempo y deshacer mis malos pensamientos. Las lágrimas caían por mi mentón mientras le explicaba a mamá que todo había sido culpa mía.

"Nada sucede sin la voluntad de Dios", me recordó de nuevo, limpiando el lugar sin aparente consideración por los gansos.

"Pero no entendés", insistí, "¡el ganso se ha ido!".

Fue entonces cuando se arrodilló ante mí y me explicó que tal vez, gracias a aquel ganso, todavía estaba de pie frente a ella. Mi familia acordó darle a lo que quedaba del ganso un entierro rápido pero digno para calmar mis nervios. Desde ese momento, juré que nunca más desearía cosas terribles a nadie ni a nada. Como dice el dicho: "No se sabe lo que se tiene hasta que se pierde". Más tarde, los nuevos gansos siguieron persiguiéndome, pero nunca con la ferocidad de mi amigo, "¡Ganso, no más!". La vida en la finca continuó como de costumbre. Sin embargo, dudábamos al salir a jugar y algunas noches despertábamos gritando y sudando frío. Por eso, después de interminables discusiones, papá y mamá decidieron que había llegado el momento de enviar a mi hermano Benjamín lejos, muy lejos de su tierra natal, donde las balas no pudieran alcanzarlo y las amenazas del reclutamiento obligatorio no lo convirtieran en un niño soldado.

"Benjamín irá con Juan Carlos", decidió mamá un día.

Al volver al pueblo, mamá me abrazó tan fuerte que no podía respirar.

"¿Qué sucede, mamá?", le pregunté.

Me acomodó lentamente en su regazo y me explicó que mi hermano Benjamín pronto partiría para unirse a Juan Carlos en la tierra de los sueños y la libertad. Me impactó porque, aunque Benjamín y yo teníamos una relación de amor y enojo, como es común en las rivalidades entre hermanos, no podía imaginar la vida sin él. Era la única persona con la que jugaba y el último hermano que me quedaba cerca. El vacío y la desesperación me inundaron mientras mamá empacaba su ropa.

Mi hermano era sólo un niño, y podía ver la preocupación en sus grandes ojos marrones mientras se preparaba para un viaje precario a una tierra desconocida, con gente extraña y aventuras inexploradas. Benjamín nunca había estado lejos de casa ni de mamá. ¿Cómo podría sobrevivir con apenas once años? Para apoyar a mamá, guardé mis lágrimas y dejé de hacer preguntas. Finalmente, cuando ya no pude contener el monstruo que me desgarraba, me escondí detrás de los rosales en el patio trasero para llorar. Lloré tanto tiempo que debí haberme quedado dormida, porque cuando desperté estaba en mi cama y viviendo otra pesadilla. Al despertar, corrí a buscar a mi hermano.

"¡Ya se fueron!", dijo Tatiana.

"¿Qué quieres decir?", pregunté, "¿No me llevaron para despedirme de él?".

Corrí de vuelta a mi habitación, donde podía liberar mis lágrimas libremente, pero ya no me quedaban más. La desesperación me tenía prisionera en mi propia cárcel privada. Mamá, papá y mi hermano mayor, Francisco, habían llevado a mi querido Benjamín al aeropuerto. Se dirigía a encontrarse con Juan Carlos en Los Ángeles, cerca de Hollywood, hogar del famoso Chuck Norris y de los valientes vaqueros del Salvaje Oeste. A Benjamín y a mí nos encantaba montar a caballo. Soñaba con convertirse en un verdadero vaquero, como los de las películas que siempre veíamos. El hecho de que ahora viajara a esta ciudad de ensueños me ofrecía algo de consuelo.

Mientras esperaba que mi familia regresara, deambulaba por la casa y luego vagaba por el jardín, atormentada por una soledad insoportable. Las palabras de papá: "Nunca se sabe cuándo puede caer un rayo", finalmente tenían sentido, pues ahora me habían derribado. Esperaba ser golpeada de nuevo para que mi miseria terminara. La oscuridad nublaba mi mente. Debí haberme dormido de nuevo, aunque no tengo memoria de ello. Al día siguiente, caminé sola hacia la escuela, actuando como si el dolor nunca hubiera existido.

13

Paraíso destrozado

No tardó mucho en desmoronarse el paraíso infantil y dispersarse la inocencia. Los adultos tienden a ocuparse de sus rutinas diarias, ignorando los mundos privados de sus hijos. Poco después de nuestro último viaje desde la finca, guardé mis botas de agua. Sin mayores responsabilidades que asistir a la escuela, me quejaba de no poder quedarme en casa. La rigidez de las monjas, el predecible orden de los acontecimientos y la monótona retórica de mi maestra extinguieron mi deseo de ir. Me esforzaba por soportar el largo camino hasta allí.

Mientras los otros estudiantes me adelantaban, yo daba pasos lentos, siendo la última en entrar por la puerta. Al toque anterior de la campana, las monjas cerraron la verja metálica con un pesado y oxidado candado. Perfectamente alineados en armonía uniformada, saludamos a la bandera sandinista roja y negra junto con nuestra bandera nicaragüense, cuyo triángulo representaba la igualdad, y cantamos nuestro himno nacional:

Salve a ti Nicaragua en tu suelo,
Ya no ruge la voz del cañón...

Irónicamente, el himno afirmaba que no volveríamos a escuchar el sonido del cañón y que la sangre de nuestros hermanos nicaragüenses ya no mancharía nuestra hermosa nación. Tras este acto político, avanzamos en línea recta hacia la capilla, donde escuchábamos nuestra misa diaria, y por unos momentos, nadie intimidaba a nadie; nadie tenía más, nadie tenía menos. Todos éramos hijos del Señor mientras lo alabábamos con profundo arrepentimiento e incienso sagrado. Aun así, al mirar alrededor de la capilla y ver el crucifijo ensangrentado y sobredimensionado de Jesucristo, no podía evitar preguntarme por qué Dios permitía que le hiciéramos tanto daño y por qué estaba dispuesto a morir por nosotros. Siempre en línea recta, nos dirigíamos a nuestras aulas y continuábamos con nuestra exigente educación. Sentate derecho. Levanta la quijada. Escucha atentamente y no hables a menos que te lo pidan. En la mañana: Rutinas invariables, días distintos. Matemáticas: recita las veces que te equivocaste. Escribir normas: No treparé a los árboles ni responderé a las monjas o profesores. Escritura: una caligrafía al menos legible merece un 1, y trazos perfectos, puntuación e inspiración te ganan un 10. Lectura: lee con expresión y no olvides respirar. Cocina: si no deseas comer tu propio platillo, intenta la receta de nuevo.

Rezamos una vez más y, por fin, llegó nuevamente el recreo matutino. El recreo se presentaba como la actividad más emocionante de la escuela. Asegurando el primer lugar en la fila, corrí al patio de juegos que estaba rodeado de árboles y un jardín colorido; ofrecía mi ayuda mientras la madre Isabel atendía felizmente su deber diario de jardinería. La asistí regando las flores en macetas y rastrillando las hojas del suelo. Mientras lo hacía, los recuerdos de la finca y el bosque sanaban mi alma. Al terminar de ganar puntos para el cielo ayudando a la madre Isabel, rápidamente los perdía al molestar a la madre superiora.

"¡Bájate, señorita!", me exigía un día mientras trepaba un árbol alto y ramificado situado junto a la valla que daba a la carretera. "Te lo advierto por última vez", expresaba, disgustada por una actitud que consideraba indigna de una niña decente en falda.

Desafiante y sin interés en ser una niña adecuada y obediente, seguí trepando el árbol y me senté en lo alto, observando los alrededores de la escuela y la calle. En un día sin niebla, al mirar el techo de mi casa, ansiaba que terminaran las clases para poder estar allí. La madre Isabel sacudió el árbol, sobresaltándome. Bajé rápidamente y me dirigí de vuelta a clase. Después del recreo, mi día transcurría más rápido mientras disfrutaba de las clases de arte, modales y etiqueta. Para entonces, mi estómago comenzaba a rugir. Me incorporé a la fila del almuerzo con mis compañeras.

"Hoy tienen cacao cremoso para el postre", anunció una amiga.

"¿Querés subir al árbol conmigo después de comer?", le pregunté.

"¡No! Andá vos", respondió ella, "pero estaré junto a la puerta por si querés venir".

Subí de nuevo al árbol, pero me aburrí por la falta de acontecimientos emocionantes en el exterior, así que bajé para ayudar a la madre Isabel en el jardín. Ella, silbando, podaba las flores lentamente con sus manos envejecidas y temblorosas. Me sonrió y señaló a las mariposas que visitaban esa mañana. Sonó la segunda campana, pero no me percaté. Me perdí cazando mariposas en los jardines del infame Colegio del Sagrado Corazón de Jesús.

El cielo brumoso, el olor de las flores frescas y la presencia de la vieja y dulce monja en su modesto rol de servidora trajeron a mi corazón una mezcla extraña de sentimientos. Fue entonces cuando terminé apoyada contra aquella vieja verja metálica. El olor del hierro oxidado de repente eclipsó la fragancia de las flores y transformó mi sueño infantil en una pesadilla eterna. Aún sin darme cuenta del tiempo, observé a un hombre vestido con ropa civil rasgada al otro lado de la calle, en la antigua casa de una familia, ahora confiscada por el nuevo gobierno y convertida en base militar. Caminando debilitado, suplicaba: "Por favor, comprendan. Por favor...".

Los soldados empujaron al hombre con sus botas puntiagudas, ignorando sus súplicas. Luego lo derribaron al suelo de una patada. Me quedé paralizada. La curiosidad que no podía controlar me obligó a permanecer allí mientras otro soldado se acercaba y le ataba las manos a la espalda con una cuerda, le daba la vuelta y luego le cubría los ojos con un paño. Insegura de si estaba soñando, me quedé quieta y en silencio. Me mantuve detrás de esa verja, milagrosamente en silencio, como si la mano de Dios hubiera sellado mi boca.

"¡Muévanse!", gritaron los soldados. "¡Muévanse!", otro pateó.

Mis pies estaban firmemente plantados en el suelo mientras observaba al hombre, que parecía fuerte y alto, siendo forzado a arrodillarse. Lo escuché suplicar tan fervientemente como cualquiera lo haría, cuando la vida pende de un hilo.

"Por favor, no me maten. ¡Colaboraré! Por favor, no me maten. ¡En el nombre de Dios, por favor no me maten!".

"Por favor, no lo maten", supliqué en un silencio sofocante.

Imperturbable, un soldado lo levantó y lo hizo caminar hacia un lugar central, lo empujó de nuevo al suelo con el pie y apuntó un rifle largo hacia él. No pude descifrar sus palabras. Hablaban de patriotismo, algo relacionado con la nación. Luego procedió a dispararle directamente en la cabeza.

"Que fuerte venís...", oré en mi mente, como me había aconsejado mamá en el pasado, con un fervor desesperante.

Ese momento se deslizó por mi cuerpo como la sangre del hombre caído mientras mis rodillas se debilitaban y mi lengua se congelaba. Sólo mi corazón latía como si señalara que aún estaba viva. El sonido silenciado del arma de algún modo resonó en mis oídos mientras se taponaban, y la vista del cuerpo del hombre perdiendo su fuerza y deslizándose lentamente sobre la hierba me despojó de mi ser. Por alguna razón, este cadáver en particular tuvo un impacto diferente en mí que los de la exhibición de carnicería después de la guerra en la ciudad. No podía explicar por qué se sentía tan diferente. Quizás fue porque su sangre aún estaba caliente y fluía de su cuerpo ante mis propios ojos desde donde yo estaba. ¿Fue por la abrumadora sensación de impotencia que sentí? No lo sé.

"¡Ileana!", exclamó la madre Isabel en un tono bajo, "llegas extremadamente tarde. ¿Qué te pasa, niña? ¿No tenés noción del tiempo?".

El tiempo. Qué ironía. Me preguntaba si realmente era ajena a lo ocurrido o si sólo fingía. Me quedé inmóvil e insensible, con la mirada vacía y el corazón yermo. Mi cuerpo se contaminó con pensamientos de confusión, incapacidad, vergüenza, miedo, odio, ira e incluso culpa, pero no había hecho nada más que estar allí de pie. Esos pensamientos envenenaron mi torrente sanguíneo y me sentí impotente al presenciar cómo ese hombre extraño exhalaba su último aliento delante de mis ojos mientras yo permanecía allí, inexistente. Seguí en silencio a pesar de los sacudones de la madre Isabel. Su voz sólo resonaba en mis oídos sin sentido. Mis palabras permanecieron atrapadas durante un buen tiempo, pero más tarde, cuando mi lengua ya no estaba entumecida, le pregunté si había presenciado el asesinato.

"¿De qué estás hablando, niña?", preguntó ella, confundida, mirando hacia el lugar al que señalaba. El hombre todavía en el suelo. "Debes estar loca. Vuelve a clase. No ha pasado nada allí". Continuó negando la hermana.

"Yo vi...", lloré.

"¡NO VISTES NADA!". Me reprendió, seria pero suavemente, empujándome detrás de unos arbustos.

"Por favor, regresa a clase ahora", me suplicó.

"¡Pero han matado a un hombre justo delante de mis ojos!", le afirmé con desesperación. La madre Isabel me tapó la boca con su mano callosa; aún olía a rosas y crisantemos.

"Vamos, querida", insistió, "apresúrate".

La miré con incredulidad mientras ella se arrodillaba a mi altura, sosteniendo mi quijada para que la mirara a los ojos. Las palabras que salieron de su boca entonces no tenían sentido y sólo me enfurecieron más. Su imagen se había desmoronado ante mí.

"Escucha bien, niña, cuando seas mayor entenderás que no todo lo que vemos está ahí".

Nunca había llorado tanto en mi vida. "Por favor, madre, acabo de ver cómo mataban a un hombre. Fue peor que en el matadero. Le cubrieron la cara; lo patearon; él...".

"¡Silencio!", exigió la anciana monja, sacudiéndome hacia la realidad. Seria, tranquila y compuesta, se plantó frente a mí y me dijo palabras que resonarían en mí durante años.

"Por el bien de tu familia, niña, olvida esta locura y asiste a clase. Tendrás detención después de clase por deambular y descuidar tu educación. Si continúas contando esto a alguien, te ignorarán, y tu familia, incluyéndote a ti, podría correr la misma suerte que ese hombre".

"Tú también lo viste", confirmé. Sus palabras confirmaron lo que había visto y, de repente, imágenes de mi familia siendo asesinada como aquel pobre hombre invadieron mi mente y me sumieron en la desesperación. Corrí al baño, me encerré y lloré sin parar. Como un trueno inundando mi mente, recordé la historia del amor perdido de mi hermano Juan Carlos. Me di cuenta de que no había nada romántico en un acto tan abominable y bárbaro. Lloré por mi pobre hermano y por la muerte de Esmeralda, pues entonces comprendí su angustia. También lloré por el niño al que le había estallado una granada y por su inocente curiosidad que le había llevado a ella, como a mí en ese momento. Lloré por los vecinos y amigos que habían perdido sus tierras y a sus preciados hijos y por mis inocentes compañeros de escuela que habían sido llevados a luchar en batallas sin entrenamiento. Todo me daba motivos para llorar, y casi me ahogué en mis propias lágrimas.

Después de unos minutos de tormenta, la madre superiora vino corriendo e intentó abrir la puerta del cubículo en el que me había escondido. Exigió: "¡Sal de ahí inmediatamente!", golpeando la puerta con la infame regla de madera. Sorprendentemente, ya no le tenía miedo ni a ella ni a la regla. Cuando abrí la puerta y salí, pareció un ángel comparada con aquellos soldados. Mi aspecto debía ser tremendamente triste, pues al verme, bajó la regla y todo lo que dijo fue: "Ven, niña, todo va a estar bien. Mañana será otro día. Ve a jugar con tus amigas". Sabiendo que ganar a mis amigas con las canicas era uno de mis juegos favoritos en la escuela, me entregó una bolsa con nuevas canicas de neón y una pelota saltarina. Mis manos todavía temblaban mientras cogía humildemente la bolsa de canicas. Caminé lentamente hacia mi aula con el rostro confundido, los ojos llorosos y la sensación de terror aún retumbando en lo más profundo de mi ser. Me sentía entumecida, con náuseas, cansada y, en última instancia, sin vida. Dentro del aula, las aún inocentes estudiantes estaban ocupadas en sus respectivos grupos. Algunas resolvían problemas matemáticos, mientras otras llenaban un gráfico con el ganador de más canicas.

"Ven aquí", me llamó una amiga.

Cada paso que daba parecía en cámara lenta. Sentía los pies insoportablemente pesados, y la voz de mi amiga me llegaba distante. Me había perdido a mí misma. Fueron los pasos más lentos que jamás di en mi vida, y me llevaron la distancia más larga que había recorrido. Me senté, sintiéndome entumecida de pies a cabeza, inmóvil, mientras la vida continuaba para el resto de mis compañeras. La señorita Pura me saludó con su habitual tono severo, pero ahora no me molestaba. Con humildad y en voz baja, me disculpé por llegar tarde. Ella me miró incrédula ante mi comportamiento dócil y continuó enseñando como si no supiera lo que me había ocurrido. Todas estaban sorprendidas y confundidas por mi comportamiento extraño. Sentada junto a mis amigas, callada como una piedra e incapaz de mirarlas a los ojos, procedí a jugar mientras fingía que nada había pasado, violada mental y emocionalmente. La vergüenza y la ira continuaban sacudiéndome por haber permitido que aquel pobre hombre muriera. Mi mente estaba contaminada, saturada de imágenes de muerte y millones de preguntas duras que quedarían sin respuesta. Temía que mi ser corrompiera la inocencia de mis amigas con la horrible escena de la cabeza del hombre reventada.

"Volvé a tu asiento; ahora haremos una prueba", instruyó la señorita Pura.

Me encorvé ligeramente bajo el peso de mi tristeza, olvidando seguir la regla de sentarme derecha. La vieja y curtida maestra golpeó mi escritorio con su regla de madera, amenazándome con golpearme con ella si no enderezaba la espalda de inmediato. Incapaz de controlarme, agarré la regla mientras ella la acercaba a mi cuerpo. Mientras luchaba por mantenerla, la regla se rompió.

"Nadie me golpea de nuevo, ni siquiera mi propio papá", desafié.

De hecho, ese día aprendí una lección que me recordó que a veces la justicia no existe y que la justicia no es para todos, al menos no en el suelo que pisaba ese día. ¿Cómo es posible que alguien pueda quitarle la vida a otra persona a quemarropa, cuando esta suplica por su vida? me pregunté muchas veces. Pero más aterrador para mí era la cruda imagen de alguien quitando la vida de otro y luego sentándose a almorzar en un banco cercano como si el humano que acababa de matar fuera sólo una mosca que había aplastado.

Mi personalidad aventurera y mi insaciable curiosidad se tomaron un largo y silencioso descanso. La escena maligna perturbaba mis días y noches. Incluso me mostraba cautelosa con las personas en las que confiaba, ya que el paraíso de mi infancia había terminado abruptamente. Mi vida ahora giraba en torno a una nueva realidad, una que mantenía a mamá triste, a papá sometido, a mis hermanos angustiados y a mis hermanas tímidas. En cuestión de segundos, desperté a una cruel verdad, donde de repente, el hombre asesinado no era la única víctima del terror y la destrucción. La devastación constante del bosque, la extracción y eliminación de muchas criaturas salvajes, las plantas y los animales, y la desintegración general de mi familia, se habían convertido en el paraíso destrozado de mis ingenuos sueños infantiles.

La inocencia ya no parecía ser mía, pues todo lo que poseía eran pesadillas de enuresis mientras intentaba bloquear los sentimientos que me mantenían prisionera. Sentimientos asociados al olor a sangre oxidada y a la vieja valla oxidada que se había construido para mantenerme a salvo, lejos del daño físico.

14

Una tierra revelada

Ay Nicaragua, Nicaragüita...la flor más linda de mi querer. Abonada con la bendita Nicaragüita, sangre de Diriangén....

Carlos Mejía Godoy

El largo camino a casa se convirtió en un purgatorio. Mientras sonaba la famosa melodía de Carlos Mejía Godoy en el fondo, mi cabeza latía con cada compás. Tenía un dolor de cabeza aplastante y una fuerte sensación de náuseas, ya que la sangre del hombre que abandonaba lentamente su cuerpo, junto con su olor a óxido que incluso había llegado a mi paladar, no se apartaba de mi mente. Esa sensación era obsesiva. Mi mente repetía cada instante, cada vez aun más intenso. Bajo las liricas de la melodía irónica que anunciaba Nicaragua como la flor más linda de mi querer y también decía que era ahora libre. Fue entonces que intenté desesperadamente concentrarme en los patrones de la carretera que antes habían funcionado cuando viajábamos a Managua. Intenté desesperadamente bloquear esa realidad recién adquirida, pero fue en vano. El olor y el sabor de la sangre, el temblor del cuerpo de aquel hombre al dejar de existir, corrompieron mi mente.

No podía librarme de aquellas imágenes. Empezaron a conducir mi mente a un túnel emocional en el que no deseaba entrar. Y para colmo, acabé caminando sola hasta casa después del castigo escolar por no seguir instrucciones, por llegar tarde a clase esa mañana atroz y por romper la regla de madera de mi profesora abusiva. Me sentí la niña más sola del mundo y extrañé aún más a mis hermanos y hermanas. Deseaba compartir lo que había visto; mi desesperante confusión, miedo y rabia, pero no tenía a nadie con quien hacerlo. Ese fue uno de mis momentos más desolados.

Mientras caminaba, la tierra que me vio crecer vino a mí, y poco a poco me fui desprendiendo de mi pena. La niebla trajo a mi rostro un vaho tranquilizador, difuminó temporalmente mi pesadilla y la transformó en una realidad distinta. En ese momento, me di cuenta de que no era la única víctima de la destrucción. La niebla, avanzando lentamente hacia las montañas, me guio hacia las calvas que las esculpían.

En ese momento, me detuve a observar por primera vez las calvas en las montañas, aunque siempre habían estado allí. Me pregunté qué habrían presenciado las montañas en su silencioso dominio sobre la Ciudad de la Niebla. ¿Cuántos más soldados de la resistencia habrían visto ejecutados y amontonados en montañas de carne humana? ¿Cuántos civiles inocentes habrían muerto en accidentes planeados o cuántas mentes se habrían vuelto locas al presenciarlo? Noté cosas que nunca antes había visto. Ya no estaba cegada por mi propia inocencia infantil.

"En la vida no todo es diversión y juegos", me vino a la mente al recordar las palabras de papá aquel día en el embalse.

"Todo es posible con la ayuda de Dios", resonó la voz de mamá a través del viento.

Me repetí que todo es posible, todo es posible y que lo olvidaré. Al llegar al pueblo, estaba decidida a llenar mi mente con mejores imágenes. Quería amar a todos y sonreír a cualquiera y cualquier cosa. Sonreí a la dueña de la tienda en la esquina y sentí lástima por la mujer loca que cantaba para sí misma, con el cabello canoso enredado en un laberinto de piojos. Me sentí impulsada a abrazarla y mentirle sobre un mundo que mejoraba. La oscuridad no nubló del todo mi mente. Me percaté de los niños que tenían que trabajar para sobrevivir, lustrando zapatos y vendiendo dulces, y cómo simplemente disfrutaban de su vida lanzando sus trompos hechos a mano al suelo y apostando fósforos, a ver cuál giraba más tiempo.

Me pregunté si esos niños, como yo, ya sabían del tipo de mundo que yo acababa de redescubrir. Si aún no lo sabían, deseaba que siguieran disfrutando de su infancia. Esa tarde sentí un misterioso apego hacia las personas ordinarias y necesitadas con las que antes no podía relacionarme. Ver la humildad de la gente me dio una frágil sensación de seguridad y compañía. Encontré un considerable consuelo entre los campesinos, aquellos que transportaban cosechas en sus sacos de nailon, la gente con los pies en la tierra que veía la vida más allá de los disimulados e irreales clubes de campo. La gente que recorría las calles aquel día en mi humilde pueblo era real. A través de la escuela de la vida, aprendieron que la valentía no se encontraba en el porte de un arma, sino en el acercamiento a los necesitados y menos afortunados.

La gente seguía con sus quehaceres mientras silbaban, cantaban y se movían al ritmo que marcaban los trozos de madera, las cacerolas y las maracas con semillas. Supe entonces que el pueblo nicaragüense sólo era pobre en riqueza, pero no por falta de espíritu. Por lo tanto, continué mi camino diario, que me llevaría de vuelta a mi huerto, a los animales y a las oraciones diarias y el enriquecimiento del alma de mamá. A medida que me acercaba a casa, lo último con lo que me topé en mi larga caminata fue la ominosa visión de los pocos tanques de guerra que quedaban del régimen de Somoza, un recordatorio de una victoria reclamada y de la guerra que había proseguido. Entré corriendo en casa buscando a mamá y, cuando la encontré, me eché en sus brazos y empecé a llorar de nuevo. Le conté todo lo que había pasado. Lloré. La abracé fuerte y temblé sin control, pero pronto me desorienté por la propia reacción de mamá.

"*Vamos a comer*", dijo mamá. "Vamos a comer. La madre superiora llamó y me contó todo, y yo estaba en camino para recogerte. ¿Por qué no me esperaste?", preguntó mamá, actuando como si todo estuviera bien. Continuó intentando parecer que controlaba mi mundo destrozado; hizo la señal de la cruz en mi frente y me aseguró que todo iba a estar bien. Pero sus ojos hinchados, de las lágrimas anteriores, revelaban que ya conocía la verdad.

"Hice tu sopa de carne favorita y plátanos fritos para el postre, mi niña, y Tatiana lavó las cortinas de tu habitación para que no te sientas mal esta noche".

"Mamá, vi a un hombre...", murmuré como si estuviera hablando nuevamente con la hermana Isabel y los soldados todavía pudieran oírnos.

Ella me ignoró nuevamente, pero la palidez de su rostro la delató, y confirmé que, para mamá, lo que había encontrado en este día abandonado por Dios no era algo nuevo. Un silencio inusualmente largo siguió mientras caminábamos hacia la cocina. Mamá trató de distraerme con bromas triviales, pero los atemorizantes recuerdos de lo que había visto me atormentaban, junto con las palabras de las monjas y la aparente incredulidad de todos aquellos a quienes les había contado mi historia. Me preguntaba si estaba perdiendo la razón y mis sueños se habían descontrolado. Todos parecían continuar con sus asuntos como de costumbre, excepto yo. No era simplemente una gallina muerta para la sopa o una vaca para el estofado. Más bien, era la existencia de un ser humano borrada por espíritus sin misericordia. Me senté a la mesa. La vista de la carne roja poco cocida en mi plato, todavía sangrante, me hizo perder el apetito y sentir náuseas. Me alejé de la mesa y corrí a mi habitación, donde sofocaba mis gritos con la cara presionada contra la almohada; finalmente, me obligué a dormir. En esa noche terrible, sueños del bosque, mi finca y los animales calmaron mi espíritu, mientras que las intrusiones del mal y las risas de satanás penetraban mi mente una y otra vez, hasta que entré en una fiebre alta y no pude despertar.

Debió haber sido el sonido de "Für Elise" el que se coló en mis sueños una vez más, sólo que esta vez todo lo salvaje y en peligro de extinción se movía al ritmo de "Für Elise" y estaba iluminado por trozos de luz lunar filtrados a través del denso dosel. Una bandada de guacamayos descendió hacia mí, abriendo sus alas para elevarse rápidamente. Incluso en la luz tenue, su vistoso plumaje resplandecía como arcoíris. Un jaguar hambriento se acercó a mí con pasos silenciosos. Sus ojos se clavaron en los míos, hipnotizándome momentáneamente con la mirada de un audaz bailarín de flamenco. El valiente animal se preparó para cazar, pero yo, imperturbable ante su objetivo depredador, me aparté de su poder y seguí bailando con los brazos abiertos, inhalando la dulce fragancia de lo salvaje. Mi entorno me abrazaba. Ranas coloridas saltaban sobre la suave alfombra del bosque y los monos aulladores se balanceaban de las lianas mientras la melodía rebotaba en sus gritos, esparciendo hojas. En mi dulce sueño, seguía siendo la niña traviesa con rizos castaños sueltos y blandos, los ojos bien abiertos, llena de alegría y curiosidad crónica, intrépida e inocente. La música me seguía a todas partes, y su melodía y la cacofonía salvaje fluían lentamente hacia manantiales de agua oscura.

"Trae más agua, Tatiana", instruía mamá.

Mamá dijo que tuve fiebre alta, que duró un par de días mientras mi mente seguía reproduciendo esa horrible escena una y otra vez, como si me castigara por algo terrible que había hecho; quizás pensaba que estaba siendo castigada por el mal deseo hacia el ganso. Finalmente, me desperté con un dolor de cabeza aún más intenso que el que tenía al volver a casa, y acompañado por vomito incontrolable.

Aunque todavía me sentía confundida, también mantenía cierta esperanza. Quizás todo había sido sólo un terrible sueño. Para mi alivio, mamá se sentó a mi lado. Vino el médico y recomendó que viera a un psicólogo. Papá iba y venía, preocupado por lo que había visto, temiendo que el país se ensangrentara cada vez más. Me dormí exhausta por una tormenta de sentimientos no deseados. Intenté borrar mi memoria y regrabar el momento en que había estado junto a la valla.

Fingí haber ido directamente a clase. Traté de reconstruir mi frágil paraíso con recuerdos bellos y felices de mi infancia. Quería jugar con mis juguetes mientras los aviones de guerra lanzaban bombas sobre mi pueblo. Quería montar a Lucero por el río y ya no me importaba estar debajo de su vientre.

El desafío del embalse ya no dominaba mis pesadillas, y la mirada severa de papá ahora se transformaba en la más angelical que un humano pudiera tener. Pero por más que lo intenté, no pude rearmar mi dulce paraíso. La realidad de un mundo de guerra vengativo y despiadado lo había destrozado, igual que lo había hecho con mis padres y hermanos mucho tiempo atrás.

"¡Soltame!", supliqué una vez más, agobiada por un dolor de cabeza insoportable.

"Despierta, despierta, todo está bien", me consoló mamá, asegurándome que todo estaría bien. Bañada en sudor frío, me levanté para verla a mi lado.

"Fue solo un sueño desafortunado", dijo entonces mamá.

"Sí, mamá. Fue un sueño horrible, pero fue real".

Le hablé nuevamente sobre lo sucedido y le pregunté por qué parecía ignorarme. Esta vez, su rostro estaba apagado por una profunda preocupación. "Eres demasiado joven para comprender muchas cosas de la vida", explicó mamá. "La vida no siempre es justa, y todo lo que podemos hacer es vivir lo mejor que podamos", añadió mientras acariciaba mi frente. Su suave toque me recordó cuando perdí a mi perro Ladrón y cómo ella había logrado hacerme sentir mucho mejor.

Ahora sé que ella sentía mi dolor y, para aplacar mi pena, me permitió dormir junto a ella en su cama. Si hay algo que aún me hace cosquillas en la nariz es el recuerdo del inconfundible olor característico de la piel de mamá. Su funda de almohada tenía poderes mágicos que reconfortaban mi corazón y calmaban mi espíritu. Los brazos de mamá y su dulce aroma nunca fallaban en proporcionar una sensación de seguridad que no se encontraba en ningún otro lugar.

Mientras mamá estuviera cerca, nada podría herirme. Por eso, desde ese día, ella protegió lo que quedaba de mi inocencia con las feroces garras de una leona. Mamá fue crucial en mi transición de niña a mujer. Inevitablemente, llegó el momento de enfrentar mis miedos y retomar mi rol de estudiante. Regresé a la escuela con el mismo uniforme de aquel día inolvidable. Recorrí el mismo camino empedrado, pero ya no era la misma niña. Ya no tenía ganas de jugar con mis amigas o de perseguir mariposas. Mi alma me estaba cambiando mientras mi mente volaba y mi ser poco a poco se convertía de niña a mujer. Sólo deseaba escapar a mi querido bosque nublado y estar sola con mis amigos salvajes.

Cruzar la carretera hacia la despiadada base militar era lo último que quería hacer. Intenté cantar canciones sin palabras para demostrar que, aunque había sido silenciada como el hermoso canario del cuento, aún podía cantar en lo más profundo de mi alma, pues nadie podía quitarme mis pensamientos ni mis sentimientos. Sin embargo, cada vez que intentaba cruzar, sentía mis pies como enormes lastres que me impedían levantarlos en la dirección correcta. Por mucho que lo intentara, no podía hacer que cruzaran ese camino infernal.

Una voz que dijo, "Buenos días, bella", me sobresaltó. Era un soldado de la base frente a mi escuela. "Buenos días, hermosa", me dijo. Mi estómago se revolvió ante su vil falta de respeto. Y mi boca se cerró como si estuviera cosida; no podía abrirla. Temblé como una hoja en invierno cuando el viento la golpea en todas direcciones, y ella se aferraba a una rama frágil, apenas allí. Había escuchado sus botas de cuero chirriantes detrás de mí, y a medida que sus pasos se acercaban más, me pregunté si la víctima habría escuchado esos mismos pasos de la manera que yo los escuchaba entonces, sólo que con los ojos vendados y sometida. Logré correr con la fuerza de un huracán y vomité del miedo a ser cazada al llegar a la escuela.

Me había convertido en una niña aún más temerosa, elusiva y oscurecida por el desmoronamiento de mi paraíso. La confianza se volvió imposible y, como resultado, también me dio miedo hablar. La facilidad con las palabras que una vez tuve se deterioró, pues el silencio se convirtió en mi mejor amigo. Pero mis sueños me salvaron y mantuvieron mi sangre caliente, pues sabía que esos momentos eran sólo una ráfaga pasajera de mala suerte. Abrigué mi alma para las interminables noches que aún estaban por venir, abriéndome para dejar entrar mis sueños. Pero mis sueños no duraban mucho, pues los destruía y duplicaba cada noche.

A medida que crecí, aprendí que los sueños son los secretos más preciados de la vida; inyectan esperanza y pueden conducir al triunfo. Por eso, nunca renuncié a ellos. Me convertí en una soñadora experta. Me trasladaba a los bosques lluviosos y nubosos cada vez que había una ventana de escape y no podía imaginar la vida de otra manera. Deseaba que la lluvia lavara nuestras lágrimas y oxidara las cadenas que nos hacían suspirar. A veces, estaba segura de que el brillante sol nicaragüense me provocaba cataratas en los ojos, y ya no veía sonreír a mamá ni a mi familia reunida en la mesa. Como cenizas en el aire, nos dispersábamos lentamente. En la tierra carente de todo, soñar es lo único que queda.

Los nicaragüenses iban a la escuela, pero pocos encontraban trabajo; los campesinos cosechaban sus cultivos, pero raramente celebraban. Y todo lo que podía hacer era esperar fervientemente las serenatas de los vivaces sinsontes nicaragüenses, bajo el hechizo de la luna inalcanzable.

Para aliviar mi agitación, mamá decoró mi habitación con cortinas floreadas que por las noches se transformaban en un escenario, entreteniendo mi mente y alejándome de mi cruda realidad. Si las miraba lo suficiente, las cortinas se convertían en hermosos bosques llenos de vida silvestre. Seguía sus patrones, permitiéndome formar parte de su existencia imaginaria. Los monos me incitaban a unirme a ellos en sus lianas y las hormigas me dejaban destruir sus montículos. Con el tiempo, dormía mejor, pero en los arrebatos aleatorios de la noche, me despertaba al son de la risa burlona del rifle y las súplicas desoladas de aquel hombre. Él giraba su rostro borroso hacia mí mientras yo me encontraba detrás de las puertas oxidadas, apuntando con los dedos en forma de la pistola que mi papá alguna vez me enseñó a usar. Hasta que, abruptamente, se desvanecía en la niebla.

"Despertá", imploraba mamá.

Nos quedamos mirándonos, sin palabras. Pero eventualmente, mamá retomaba su rutina monótona. Y como si no hubiera tenido suficiente, cada día crecía más junto con mis calamidades médicas, pero perdía peso significativamente. Me había convertido en un objeto de experimentación médica y me administraban inyecciones diariamente sin resultados positivos.

"No te muevas", ordenaba la enfermera mientras yo me retorcía como un gusano.

Había venido a inyectarme vitamina B12 y suplementos de hierro, ya que un médico anterior había destruido mis glóbulos rojos al tratar inadecuadamente mis dolores de cabeza y tos, para los cuales me habían dado dosis interminables de antibióticos. De un día para otro, mi objetivo ya no era huir de la escuela, sino escapar del tormento de la aguja. Incapaz de soportar otra inyección, un día decidí esconderme detrás de un arbusto de hibisco.

"Encontrala; debe estar escondida", instruía mamá a mi cuñado, quien casualmente visitaba ese día. En cosa de segundos, el me encontró fácilmente, levantándome y sosteniéndome sin mucho esfuerzo. Me llevó en brazos y me colocó sobre su regazo mientras la enfermera atónita se negaba a pincharme de nuevo.

"¡Esta pobre niña no puede soportar otra inyección!",
exclamó incrédula al ver que mi trasero se había tornado
púrpura y estaba severamente magullado.

Agotada por mi condición, mamá decidió consultar a
otro especialista que finalmente puso fin a mi miseria y
diagnosticó que, aunque la inyección de B12 había sido
efectiva para mi destrozado sistema nervioso, la tos se
debía simplemente a una alergia al polvo y, por supuesto,
al estrés. Por lo tanto, ¡un jarabe natural y una sopa de
zorrillo solucionaron mi problema de tos! Papá salió a
buscar un zorrillo y no regresó hasta que tuvo uno en mi
plato. Recuperándome rápidamente de mis dolencias
físicas, no pasó mucho tiempo antes de que me metiera en
otro lío de mayor magnitud.

"¡Corré, gallina, corré!", es lo que debería haber hecho
la gallina.

Unos meses más tarde, debí haber escuchado a mi sabia
madre cuando me dijo que me alejara de la cocina. Íbamos
a tener gallina rellena para la cena, ya que era uno de los
platos favoritos de papá. Tatiana se apuró a buscar la leña
para el fuego. Mamá estaba ocupada sacrificando la gallina
en el patio. Papá se apresuraba a hacer sus recados, y yo
tenía la mente ocupada.

"¡Ve a jugar!", me instruyó mamá.

Me apresuré a buscar en la habitación los juguetes que
Benjamín me había dejado. Encontré sus soldaditos
favoritos en una caja llena de ropa y sólo algunos juguetes
dispersos. De repente, recordé todos nuestros momentos
felices jugando a la guerra en el jardín. Corrí al jardín, pero

al intentar jugar con mi hermano, que ya no estaba conmigo, las imágenes de las personas asesinadas por los soldados y la muerte que había presenciado me sobrepasaron. Jugué con los soldaditos, reviviendo la horrible escena que había experimentado. Llena de lágrimas y con el corazón palpitante, corrí a buscar a mamá y terminé de nuevo en la cocina. Distraída de mi propio mundo, choqué con la olla hirviendo donde mamá había colocado el pollo para desplumarlo. Un calor repentino me envolvió de pies a cabeza.

Tatiana y mamá me miraron en silencio; yo les devolví la mirada y luego grité mientras corría hacia la piscina de agua fría para sumergir el pie ardiente. Debería haber corrido como una gallina. La olla hirviendo había caído sobre mi pie izquierdo. El dolor ardiente era insoportable y penetraba directamente mi corazón. El agua fría pareció aliviar temporalmente el dolor, pero al quitarme el calcetín, la piel de mi pie se desprendió con él, dejando una sensación de frío. Marcada con una quemadura de tercer grado, aún camino con una cicatriz que me recordará siempre mis terribles sueños. Al borde del desmayo, papá me llevó rápidamente al hospital local, donde el médico limpió mi herida mientras yo gritaba con fuerza. Ignorando mis súplicas de detenerse, el médico administró algunas inyecciones y vendó mi pie lentamente y con paciencia. Y por cada vuelta del vendaje, silbaba.

"Necesitará muletas durante un tiempo, ya que no puede apoyar el pie en el suelo", indicó el doctor.

Caminar a la escuela me tomaba aún más tiempo. Cada paso dolía tanto como los recuerdos. Oh, cuánto deseaba poder volar como el quetzal, soberano y hermoso, a través de las montañas, en lugar de transitar por el Sendero de la Muerte, como yo llamaba al camino a la escuela. Antes de quemarme el pie, corría para llegar a la escuela; ahora me sentía condenada a soportar cada adoquín y cada ráfaga de viento compartida por todos los que me adelantaban. Semana tras semana, grito tras grito, una enfermera venía a mi casa, sólo que esta vez para curar mi quemadura. Comenzó cuidadosamente retirando el vendaje. Preguntó cómo me sentía, y sus suaves manos se movían lentamente a través de las dolorosas etapas de las rutinas de saneamiento.

El primer día, humedeció un gran algodón con una solución que no tuvo efectos significativos sobre mi quemadura. Se acercó a la herida limpiando astutamente las áreas circundantes que no habían sido dañadas, y luego trabajó lentamente hacia la herida. Empecé a sentir sus suaves dedos acercándose y, efectivamente, sentí esa sensación ardiente sólida que me provocaba escalofríos en todo el cuerpo. El dolor se intensificaba a medida que ella limpiaba profundamente cada parte de mi pie.

"¡Ay!", grité suavemente al comenzar a doler. "¡Ay!", un poco más fuerte.

"¡AY!", grité mientras se adentraba completamente en mi herida para realizar el necesario "¡raspado de mi pie!". Aparté el pie y grité histéricamente, suplicándole que parara.

"Ya terminamos", dijo. "La próxima vez será mejor, ¡lo prometo!".

Me retiré a mi habitación, llorando de dolor y prometiéndome a mí misma nunca más permitirle tocar mi pie. Sin embargo, con cada visita subsiguiente, me vi obligada a soportar de nuevo la tortura. Cada nueva visita dolía más que la anterior a medida que raspaba mi piel y retiraba las vendas. Empecé a dedicar cada agonía como penitencia al Señor, al igual que las mujeres que suben el Tepeyac en el pueblo de mis abuelos. Lo hacían como una ofrenda al Señor para que absolviera sus pecados, hasta que sus rodillas comenzaban a sangrar. Pero un día decidí que no podía soportar más el dolor. "¡No más!". Exigí, "¡no más!", y finalmente me desmayé. Cuando volví en sí, escuché a la enfermera explicar,

"Se quedará con la cicatriz si no se trata".

La cicatriz en mi pie permaneció, junto con la de mi corazón. En ese momento, lo único que realmente me preocupaba era no poder superar a las monjas, ya que finalmente tenían la ventaja sobre mí. Incluso con el apoyo de las muletas, cada paso seguía siendo tan doloroso como la primera vez que caminé a la escuela con ellas. No obstante, la tortura de moverme en cámara lenta mientras los niños me pasaban era peor.

Realizar esa caminata era comparable al *Vía Crucis*, una caminata penitencial de rodillas que los fieles católicos ofrecen a Dios para que perdone sus pecados. Los seguidores humildes se sacrifican caminando de rodillas durante tanto tiempo como sus cuerpos aguanten el dolor, a veces incluso por millas. Al final de sus recorridos, sus rodillas están raspadas y ensangrentadas, pero sus almas están libres de pecados. De hecho, al final de mi dolorosa ofrenda, después de caminar más despacio que un caracol, sudar miedo por los poros y experimentar una frustración agonizante, pensé que, en efecto, podría haber sido purificada lo suficiente como para ir al cielo y reunirme con Amanda.

A mi pobre mamá se le debían estar acabando los recursos, o quizás sólo intentaba agotar todas las soluciones posibles. Tal como una de las monjas había aconsejado, finalmente se realizó la inevitable visita al psicólogo. Tomándome de la mano, mamá me acompañó al estudio de ballet donde estaba su oficina. Me dejó salir al piso con mis amigas mientras ella se reunía con él. Extrañaba tener la vida cotidiana que ellas parecían tener.

"Si no tuviera el pie quemado, podría estar bailando con mis amigas", suspiré.

Luego, apareciendo estéril y rígido, el Dr. Wilfrido me pidió que pasara a su despacho. Señalando una cama rígida y poco amigable, dijo, "Quiero que cerrés los ojos y pensés en un campo verde". Le hice caso y cerré los ojos, pero pronto los abrí para preguntar, "¿Por qué?". Ignorándome, repitió, "Cerrá los ojos y pensá en un campo verde, niña".

Volví a cerrar los ojos. No podía obligarme a imaginar sin una respuesta simple. Luego le pregunté de nuevo por qué hasta que reformuló la indicación como si no hubiera entendido la primera vez. "Intenta pensar en un campo lleno de flores y pájaros", insistió con impaciencia.

Molesta por las demandas sin sentido del doctor y su rechazo a una explicación, me senté y le expliqué que necesitaba saber por qué hacía las cosas. Irritado, se levantó y abrió la puerta para llamar a mamá. "Estará bien", dijo al salir de la habitación.

"Ileana, ¿qué voy a hacer contigo?", se quejó mamá.

"Definitivamente", pensé, "el médico antipático es el que necesitaba ayuda".

15

Sin retorno

El no regresar se vuelve cada vez más común en un país asolado por la guerra. Todos saben cuándo te vas, pero nunca cuándo podrás volver. Tras sobrevivir a unos años rígidos en la escuela primaria, finalmente llegó mi tan esperado día. La ironía de tratar de evitar el destino en un pequeño pueblo me seguía a todas partes. Después de completar con éxito mi educación primaria en el Colegio del Sagrado Corazón de Jesús, regresé al único colegio que elegí, el Colegio La Salle, donde de repente los fantasmas de la guerra que antes lo habían rondado parecían menos amenazantes que los fantasmas vivos con los que tuve que lidiar en la escuela de monjas.

Ileana y la madre superiora

"No temás a los muertos, sino más bien a los vivos", solía aconsejar mamá.

Volver a El Colegio La Salle siendo ya una joven fue bastante bueno. Me alivió ver a muchos amigos de la infancia, incluido Henry, así que me blindé con optimismo. A diferencia de la escuela de monjas, El Colegio La Salle abría sus puertas tanto a chicos como a chicas. El comienzo de una nueva vida parecía estar al alcance de la mano. Pero la rutina escolar era repetitiva, y cada día era un eco del anterior. Las canciones obligatorias de los Sandinistas seguían a los anuncios diarios, los saludos a la bandera y las oraciones, todo necesario para potenciar nuestro aprendizaje diario. En fila recta, casi militar, regresaba a clase después del recreo, a menudo molesta por uno de mis mejores amigos. Henry era uno de los chicos más altos de la clase, y yo era una de las chicas más altas; por lo tanto, Henry siempre se colocaba detrás de mí en el orden de la fila. Un día, mientras caminaba hacia la clase, sentí algo arrastrándose sobre mis hombros. Al girarme con cautela, sentí que el objeto se movía hacia el otro hombro. Detrás de mí, riéndose y sosteniendo un palo con hojas, estaba Henry, cuyo principal entretenimiento era molestarme con insectos.

"¡Pará!", exigí, "¡Dejame en paz!".

Resbalando y casi tropezando en las escaleras, continuó riendo. Su inmadurez me irritaba. Le dejé saber mi decisión claramente: nunca más le hablaría.

"Basta de jugar", exigió nuestro nuevo maestro, Sr. Castellano. Nos pidió que sacáramos nuestros cuadernos de escritura.

Serios como sacerdotes durante una misa, nos sentamos en nuestros escritorios y comenzamos a escribir. A Henry le encantaba la escuela y no estaba dispuesto a arriesgarse a perder la oportunidad de ser honrado al final del año. Sólo habíamos escrito durante cinco minutos cuando los guardias entraron en la clase sin previo aviso. El Sr. Castellano, de piel morena, palideció mientras nos ordenaba cerrar los cuadernos. Los hombres soldados avanzaron hasta el fondo del aula, observando fijamente a los chicos.

"Vos, levantate", le ordenaron a Henry.

Sorprendido, Henry dejó caer su lápiz al suelo mientras yo sostenía su cuaderno. Caminó de manera sumisa mientras lo agarraban del brazo y lo sacaban del aula. Me miró sorprendido; sus ojos verdes se clavaron en los míos como suplicando que esto fuera sólo una terrible pesadilla. Un nudo me bloqueó la garganta y sólo pude devolverle la mirada. Me sentí culpable al recordar que le había exigido que no me hablara nunca más. Poco después de que los soldados salieran del aula, el profesor retomó su lugar y explicó que Henry serviría como un ciudadano leal. Los buenos ciudadanos sirven bien a su país, y eso era lo que él debía hacer. Henry permaneció afuera, como le ordenaron los soldados, como un cachorro asustado, al lado de otros chicos de similar estatura. Los soldados empujaron a los nuevos reclutas a un jeep camuflado, como el que se había llevado a mis hermanos anteriormente. Así sin más, Henry terminó la escuela, y su lápiz, cuaderno y ensayo quedaron en su escritorio. Más tarde los entregaría a su familia.

"Continuá con tu trabajo", dijo el profesor mientras sorbía su taza de café.

Aunque la ley establecía que los jóvenes de entre 18 y 30 años debían servir al país en las montañas, la realidad era que si estaban bien desarrollados, como Henry, servirían. Me entristecía profundamente y me frustraba terriblemente pensar que mi mejor amigo llevara armas reales y tuviera que elegir entre matar o ser asesinado. La gente de nuestro pueblo eran comerciantes, poetas, escritores, artesanos y soñadores, no asesinos. Mantener un lápiz firme y escribir no era viable para nosotros en ese momento. Estábamos conmocionados y asustados. Aunque Henry fue el único chico que se llevaron ese día de nuestra clase, los demás chicos estaban preocupados, y eventualmente muchos rompieron a llorar. Los estudiantes sabían que su momento llegaría en cuanto crecieran unos centímetros más. Eran cachorros asustados, por mucho que se les animara a ser valientes.

Dos meses habían pasado desde que se llevaron a Henry. Todo el mundo continuaba con sus rutinas diarias, fingiendo que nada había cambiado. Yo seguía asistiendo a las celebraciones diarias de la iglesia y cantaba con el coro y otros dos amigos. Cuando mi hermano Francisco no estaba demasiado ocupado, me llevaba al cine a ver una película. Disfrutando de dulces, refrescos y chicles prohibidos, tenía lo necesario para asegurar un día agradable. Durante unas horas, el mundo parecía no haber cambiado, pero no tardábamos en recordar nuestra penosa situación.

Mi hermano y yo nos detuvimos para hablar sobre la película, pero nos distrajimos con unos hombres con las caras pintadas de blanco y vestidos con monos blancos que lanzaban cubos atados con una cuerda desde el tejado de un edificio. Los cubos eran para donaciones. Ver a estas personas tan inusuales nunca dejaba de intrigarme. Esperaba volver a ver a Henry sentado en su pupitre al día siguiente. Decepcionada al ver más chicas que chicos, continué rezando, leyendo, escribiendo, cocinando y participando en tantas actividades como se ofrecían. Mientras el profesor continuaba la lección, pasábamos notas preguntando si alguien sabía algo de los chicos. Un día, después de la escuela, me dirigí directamente a casa, pero unas campanas de iglesia inusuales me sobresaltaron. Me pregunté qué estaría pasando. Cuando finalmente llegué, mamá me animó a comer y a cambiarme de ropa para asistir a la misa de las 4:00 p. m.

"He oído que hoy traen a Henry a casa", me informó mamá.

Salté de mi asiento emocionada y salí a buscar a Henry. "Esperá!". Gritó mamá. Pero mi corazón se llenó de una alegría inimaginable. No podía esperar para decirle cuánto lo sentía y que ahora podía hablar y jugar todo lo que quisiera. Pero antes de que pudiera salir de la casa, mamá me agarró del brazo y me recordó que primero teníamos que asistir al servicio religioso.

"Hoy es lunes", le recordé a mamá.

"Sí, cualquier día es adecuado para Dios", respondió.

Me cambié de ropa rápidamente, ansiosa por terminar el servicio religioso. En nuestro camino, muchas personas se dirigían hacia la única catedral del pueblo, probablemente todos iban en la misma dirección, y antes de llegar, la campana sonó tres veces. Aquel día no hubo música clásica, sólo tres toques solemnes. Aceleré mis pasos; no podía esperar para ver a Henry de nuevo. Pero justo antes de entrar en la catedral adornada con oro, mamá me sujetó suavemente del brazo y me llevó a un lado.

"*Mi niña*", me susurró al oído mientras me abrazaba fuertemente. "No encontraba las palabras adecuadas para decirte esto, pero no puedo dejarte entrar sin que lo sepas".

Algo en su forma de hablar me impulsó a querer huir al bosque y buscar refugio entre mis amigos los animales salvajes. No quería estar allí. Fuera lo que fuese, no quería saberlo. Empecé a alejarme mientras mamá me seguía y me pedía que volviera, pero en mi camino me encontré con mi amiga Erica, quien sin dudar y con los ojos llorosos, pronto compartió lo que se convertiría en otra mala noticia en mi vida.

"Henry no volverá a sentarse con nosotros en clase. Han traído a Henry de vuelta a casa. Está allí", dijo Erica señalando hacia el interior de la iglesia.

En ese entonces supe para quien sonaban tan solemnes las campanas. Se me hizo un nudo en la garganta y la barbilla me temblaba. Desesperada, corrí hacia casa, pero me detuve a mitad de camino al decidir volver para confirmar su muerte por mí misma. Entré en la iglesia con pasos pesados; mis piernas apenas podían sostenerme y cada momento se convertía en un calvario insoportable. Mis piernas reaccionaban al igual que aquel día maldito en el cual presenciaron el asesinato de aquel hombre extraño.

Las oraciones resonaban en mis oídos como voces en una pesadilla. Todo parecía tan lento, incluso las lágrimas que caían por las mejillas de su madre. Los llantos de la gente, la ropa negra y las cortinas blancas de la iglesia creaban un ambiente que parecía sacado de una historia de terror. Avancé con ira, incapaz de derramar una lágrima y sin poder liberarme del trueno que retumbaba en mi corazón. Avancé hasta el interior de la iglesia. Seguí caminando sobre la alfombra roja en el centro de la iglesia, que irónicamente representaba la Sagrada Sangre de Jesucristo. Con una timidez desconocida, finalmente me acerqué al ataúd frente al altar y miré dentro, esperando no encontrar a mi amigo allí.

"¡NO ES ÉL!", le dije a su madre. Ella entonces me atrajo suavemente hacia ella.

"Él es mi amor", confirmó, sollozando. "Lo que queda de él. Esta mañana trajeron la mitad de su cuerpo. Cayó al instante en combate y no supo qué hacer. Se lo llevaron sin entrenamiento, ni siquiera sobre cómo disparar un arma", lamentó su madre con tristeza incontrolable.

Incapaz de hablar, de creer lo que mis oídos oían y mis ojos veían o siquiera de derramar una lágrima, permanecí inmóvil, incrédula. Los recuerdos de mis pesadillas anteriores regresaban de golpe, aturdiéndome. Henry no sería ni el primer ni el último niño en enfrentar tan trágica suerte. Su cuerpecito destrozado penetró mi mente y se agregó a mis pesadillas.

Con el tiempo, más niños morían en combate y accidentalmente por minas terrestres y granadas dejadas en los campos circundantes. El número de muertes era elevado, junto con el ominoso repique de las tres campanas de las iglesias que anunciaban otra muerte más. El retumbe de esas campanas causaba un ardor en el corazón. Ya no podía deambular libremente por mi hermoso entorno. Pasaba la mayor parte del tiempo en la ciudad con amigos y familiares, resguardada por el miedo y la represión.

Mamá había aprendido a ser fuerte hace mucho tiempo y había transmitido esa fortaleza a mí. Sus métodos nunca fallaron y logró criar a una hija que eventualmente se volvió resistente al dolor, al miedo y a la negatividad.

Hacíamos lo posible por sacar el máximo provecho de nuestra vida juntas, asistiendo a servicios religiosos y estudios bíblicos. Seguí creciendo a pesar del destino incierto que me esperaba. Pero parte de mí se sentía dormida e impotente.

16

Metamorfosis

El reloj seguía marcando el tiempo para mí, y el día de crecimiento que toda joven espera finalmente tocó a mi puerta. La pequeña de papá había comenzado a salir de su capullo. Aterrorizada por lo que estaba sucediendo a mi cuerpo, corrí a casa con mamá. Con palabras amables, y un poco tarde, mamá me explicó lo maravilloso que es la transición de niña a mujer y cómo todo lo que nos compone nos hace únicas. No me gustaba sentirme única y me escondí en casa hasta que todo pasó. A pesar de todo, por votación popular, me convertí en una de las candidatas a reina del colegio ese año. Mi futuro rey era un chico inusual, obsesionado con fósforos. Era una suerte que lloviera mucho; de lo contrario, habría quemado todo el pueblo. Llevaba una pequeña caja de fósforos en sus viejos y desgastados vaqueros y solía fingir que quemaba el cabello de alguien si no le caía bien.

Afortunadamente para mí, parecía que yo le caía bien. A menudo me guiñaba un ojo y lanzaba besos al aire. Su piel bronceada y sus grandes ojos marrones, resguardados por pestañas excepcionalmente largas, atraían a muchas chicas, pero Julio era, sin duda, un chico raro. Cuando le pregunté por qué le gustaba tanto el fuego, encendió otra fósforo y me mostró todos los colores en su llama.

"Es como los fuegos artificiales", apuntó.

Cuando nos hicimos amigos cercanos, compartió que algún día esperaba convertirse en soldado y deseaba usar fuegos artificiales reales, como los que lanzaban los aviones de guerra. Nos reímos un rato, pensando cómo se vería él lanzando fuego, como si desconociera la realidad que esos fuegos traían sobre los demás. Hablaba y hablaba sobre lo emocionante que había sido estar en el campamento de evacuación y ver todas las luces y llamas en la ciudad. Era, como él lo describía, irreal.

"Apuesto a que no te estarías riendo si el fuego hubiera quemado tu casa", le dije.

Con la mirada fija en su fósforo, respondió: "Lo hizo", y se alejó con el fósforo en la mano. Los días pasaron mientras me ocupaba con amigos preparando el evento. El país estaba ocupado con un nuevo movimiento guerrillero guiado por valientes mujeres sandinistas proclamadas como tales.

"Ya es casi una mujer, señora", bromeaban las guerrilleras con mamá cuando nos veían en la calle.

"No, todavía es una niña", se reía mamá, nerviosa por el acoso. "Por favor, déjenla crecer".

Resultó que el Movimiento de Mujeres, como lo llamaban, exigía igualdad de derechos para las mujeres nicaragüenses, incluyendo el ser reclutadas en el ejército. Sin embargo, muchas mujeres cayeron bajo la propaganda poética patrocinada por destacadas poetas y escritoras de Nicaragua, que afirmaban portar un arma tan potente o mejor que sus compañeros hombres. Y a menudo me preguntaba si realmente se atreverían a quitar una vida igual que los hombres ante mis ojos, de manera fría y calculadora. Y si era así, ¿qué podría desencadenar tal deseo insensible? Pero no quería saberlo, esperaba que sólo buscaran satisfacer su falta de verdaderas aventuras y su desapego de la vida real. Agotada por su ignorancia, bloqueé sus comentarios e ignoré los peligros inminentes que se cernían sobre mi existencia. Entreteniéndome con mis eventos escolares, intentaba olvidar las cosas dolorosas del pasado o al menos minimizar su efecto.

Mientras tanto, mamá se ocupaba con interminables recados; limpiando la casa, organizando armarios y entregando ropa y juguetes que ya no necesitábamos a los pobres. Era inusual verla con tanta energía. Papá también se había involucrado más en esta vida activa y estaba en casa más a menudo. Un domingo fue a verme cantar en el coro de la iglesia y me llevó a mi pastelería favorita en la ciudad. Fue el mejor día que había pasado con él. Éramos sólo nosotros y algunas personas molestas que decían que me parecía a papá con falda.

"Mírenla, tiene exactamente el mismo mentón partida. Sin duda, es él con falda", se burlaban.

Riendo, papá respondió: "Entonces es muy guapa". Sin embargo, a mí no me hacía gracia. Aun así, papá se enorgullecía de llamarme su hija y especialmente le gustaba cuando la gente le decía que me parecía a él. Insistí y supliqué a papá que me comprara una colección de canicas cuando pasó por la tienda de un amigo.

"Pero estas no son para ti", dijo, "Esto es algo que le habría gustado a Benjamín".

Cansada de sólo jugar con muñecas, los encantadores colores de las canicas hacían imposible que renunciara a conseguirlas. Finalmente, cediendo, papá dijo: "Está bien, pero cuando veas a tu hermano, asegúrate de compartir con él".

"¿Cuándo lo veré de nuevo?", pregunté con curiosidad.

"Muy pronto", añadió pensativo.

"Ahora, necesitamos comprar algo de refresco Cola para tu abuelo y unos dulces para tu abuela".

"¿Vamos a visitar a los abuelos?", pregunté incrédula.

"Sí, y tal vez podás hablar también con el padre Odorico".

Hacía mucho tiempo que no veía a mis queridos abuelos, y me moría de ganas de abrazarlos, besarlos y contarles todo lo que me había sucedido. También estaba emocionada por ver al padre Odorico, pues muchos lo consideraban un cercano intercesor de Dios por haber realizado ya varios milagros. Papá aún recordaba aquel momento, después de presenciar la ejecución de aquel soldado, en que le pedí que llamara al padre Odorico para que me escuchara y creyera lo que decía. Tardó un poco en cumplir mi solicitud y, por razones desconocidas, ahora papá mostraba un comportamiento inusualmente agradable. Cuando papá y yo regresamos a casa, mamá estaba lista para ir a San Rafael del Norte, el pueblo natal de la esposa del general Augusto César Sandino, Blanca Aráuz. Mamá me entregó un pañuelo para que me cubriera la nariz del polvo del camino. El camino a San Rafael del Norte era difícil. Condujimos por una carretera de tierra, sorteando baches y reduciendo la velocidad cada vez que un obstáculo en el camino o los soldados nos detenían para inspeccionar el vehículo. Mamá y papá conversaban mientras viajábamos, y eventualmente me quedé dormida, sólo para ser despertada por susurros y conmoción.

"Podríamos haber sido nosotros", dijo papá.

Al parecer, el automóvil que iba delante de nosotros había detonado una mina terrestre a solo unos metros más adelante. Los militares que nos habían parado antes ahora se apresuraban a auxiliar a las víctimas. Estábamos casi llegando cuando papá le instruyó a mi hermano Francisco que cambiara de curso y giró el coche para volver a casa.

"No, dejemos que sea lo que Dios quiera. También podríamos pisar una en el camino de regreso", insistió mamá, deseando continuar el viaje para ver a sus padres.

Mi hermano Francisco giró el coche de regreso en camino hacia los abuelitos, pero estábamos asustados. Por egoísta que parezca, conducíamos despacio y permitíamos que otros autos nos adelantaran. La sensación de no saber si íbamos a pasar sobre una mina terrestre era terrible. Sabíamos bien que cada minuto que respirábamos era un momento que Dios nos daba. Al llegar, papá reconoció los comentarios de mamá de que Dios no nos llevaría al cielo a menos que fuera nuestro momento. El pueblo permanecía igual que cuando lo visité en mis años más jóvenes. Lo rodeaban los Montes Pinos y lo cruzaba un río profundo de norte a oeste. Con su clima único y agradable, el río proporcionaba el entorno perfecto para su exuberante flora y extraordinaria fauna. Era y sigue siendo un pequeño pueblo colonial, humilde, despejado y pintoresco.

Las calles eran estrechas, como de tiempos de cabañas, bordeadas por casas de adobe y mayormente caminos de tierra. Los sanrafaelinos son las personas más humildes, cálidas, inclinadas a la religiosidad y los mejores samaritanos que he conocido. La mayoría vivía justo dentro de sus medios, pero nunca dejaban de ofrecer lo poco que tenían, con sonrisas que valían más que el oro. Era donde quería estar, donde todo tenía sabores complejos. Cuando llegamos a la casa de mis abuelos, me temblaban las piernas al salir del coche, pero al ver a mi abuelo, pronto lo olvidé. Corrí hacia mi abuelo, que rápidamente me hizo cosquillas con su áspera barba. La abuela vino después, me besó ambas mejillas y pronto me trenzó el cabello como el suyo.

Ese día nos quedamos a pasar la noche en la humilde casa de mis abuelos y disfrutamos de momentos de relatos mientras escuchábamos al abuelo y ayudábamos a la abuela a enrollar hojas de tabaco para hacer puros. Era como volver a los viejos tiempos. Mis abuelos aportaban una paz que nadie más podía y ayudaban a que todo fuera mejor. El abuelo contaba historias, incluida aquella en la que Sandino le había salvado la vida. Mi abuela narró por enésima vez cómo eligió casarse con mi abuelo en lugar de con su familia. Y mis padres añadieron a la colección de historias familiares. Era como si quisieran recordar cada momento de sus vidas en un esfuerzo por convertirlo en parte de la historia. Esa noche, escuché una historia tras otra. Y por primera vez, sentí un orgullo por mi familia que nunca supe que tenía. Como todos compartieron sus historias esa noche, pensé que yo también podría compartir la mía.

"Vi cómo mataban a un hombre en mi escuela y...", intenté contar.

"Es hora de ir a la cama", interrumpió mamá abruptamente mientras todos se callaban.

"Yo la llevaré a la cama", ofreció mi dulce abuelito.

"Abuelo, ¿por qué nadie quiere oír mi historia?", pregunté, molesta.

"No es bueno que los niños hablen de cosas malas o piensen en cosas malas", me convenció el abuelo dándome un beso en la frente.

Mi dulce abuelo me ayudó a dormir esa noche con la sesión más larga de cuentos que había disfrutado jamás. Esa noche, no tuve dudas de que habíamos heredado nuestras actitudes y dotes para contar historias de mis abuelos. Todo lo que salía de sus bocas sonaba a magia. Tuve sueños agradables y desperté al día siguiente para unirme a la alegre celebración del Señor de la Misericordia. Él recorría el pueblo montado en una mula decorada con flores y espinas en la frente. Gente de todos los pueblos y bosques cercanos acudían a esta celebración, trayendo sus esperanzas, peticiones de milagros y ruegos al Señor a cambio de algún tipo de penitencia.

Las calles se llenaban mientras los fervientes seguidores se unían a la procesión. Algunos seguían el recorrido de rodillas mientras rezaban, y otros iban descalzos. La procesión avanzaba por todo el pueblo hasta llegar a la catedral celestial, situada en una empinada colina. El padre Odorico D'Andrea, un rico sacerdote italiano que, como mi papá y muchos otros, se había arraigado en la tierra de Nicaragua, había invertido su fortuna en el desarrollo del pueblo y su monumental iglesia, reconocida como monumento nacional. El padre Odorico también había construido un templo, ahora considerado sagrado, en la cima de una montaña llamada El Tepeyac, en forma de pirámide. El Tepeyac siempre fascinaba. Llegar a la cima era como acercarse al cielo. Se decía que cada escalón ancho y empinado, dedicado con una oración, purificaba nuestro espíritu, y sólo pensar en ello y respirar el aire fresco era todo lo que necesitaba para sentir el toque de un momento sagrado.

Estaba impaciente por acercarme al padre Odorico. Quería contarle mis problemas, pues sabía que no me ignoraría. Verlo era como ver a un verdadero discípulo de Dios. Vestía la misma sotana desgastada y sandalias viejas de cuero. A pesar de su fortuna, el humilde sacerdote se dedicaba exclusivamente a ayudar a los necesitados. Su misión era servir a su pueblo, hasta el punto de que, de ser necesario, ofrecería su propia vida. Se contaba que una vez el padre Odorico intervino frente a un hombre apuntado con armas para ser ejecutado por los soldados, y el humilde sacerdote puso su cuerpo delante del hombre diciéndoles que, si iban a ejecutar a ese hombre delante de sus ojos, entonces deberían ejecutarlo a él primero. Temerosos de ser condenados al fuego eterno del infierno, los soldados perdonaron la vida del hombre.

Fue una procesión larga, pero transformadora. Todos recibieron hojas de palma bendecidas con agua bendita. Después, mamá, papá y los abuelos se dirigieron hacia la monumental iglesia, hogar de numerosas esculturas católicas de vanguardia e incomparables pinturas al fresco. Entrar en este lugar sagrado era lo más cercano a estar ante las puertas del cielo: impresionantemente bello y pacífico. Independientemente de si una persona era rica o pobre, su decoración lujosa sólo reafirmaba que Dios merecía aún más que eso, e inspiraba a todos los que entraban que había esperanza y que quienes creían se beneficiarían en toda la riqueza del alma posible. La iglesia era un refugio seguro para todas las personas. Era una inspiración y un recordatorio de la belleza de Dios y de la vida. El padre Odorico creía que la casa de Dios merecía lo mejor por todo lo que nos daba.

Al llegar a la iglesia, el enérgico sacerdote recitó su famosa misa, seguida de los tradicionales repiques de campanas e incienso. Cuando hablaba el padre, todos guardaban silencio. Eventualmente, llegó el momento de la sagrada Eucaristía y avancé. Para mi sorpresa, cuando me acerqué al padre Odorico, él me miró fijamente mientras colocaba el sagrado cuerpo de Jesús en mi boca y me dijo que estaba bien.

"¿Cómo sabe que no he estado bien?", me pregunté durante el resto de la misa.

Después de la misa, todos se retiraron a sus casas con una sensación de paz, pero nosotros esperamos hasta que todos se hubieran ido para poder hablar con el sacerdote. Mamá le susurró y pidió confesiones para todos nosotros, incluyéndome. Estoy segura de que le susurró que principalmente yo necesitaba confesarme. Yo fui la última. El resto de mi familia esperó afuera mientras admiraban la estructura de la iglesia. El sacerdote se sentó a mi lado y comenzó a describir su propia infancia. Debo confesar que quedé asombrada por su apariencia humilde y me perdí muchas cosas de las que dijo. Además de ser sacerdote, estaba segura de que también era psicólogo, pues había tenido mucho más éxito que aquel al que mamá me había llevado en la Ciudad de la Niebla. Antes de darme cuenta, le estaba contando todo sobre el hombre que fue asesinado, el ganso y Henry. Sentí que fueron sólo segundos y ya le había contado toda mi breve vida. Alguien me escuchó por primera vez sin una sola interrupción, con un rostro dulce y sonriente. Él comprendió lo que había visto y sentido.

"Quien eres está en tu corazón, y nada ni nadie puede cambiarlo", me explicó pacientemente.

Continuó hablándome del ciclo de la vida y la belleza de la muerte y la vida eterna durante varios minutos más y, al final, me absolvió de todos mis pecados y las pesadas cruces que, aparentemente, había estado cargando. Me ungió con agua bendita y me impartió su bendición final. Así fue como, por primera vez, me sentí como un ser humano digno a pesar de mi inmadurez y juventud. La sencillez del sacerdote italiano me infundió un sentido de humanidad que permanecerá para siempre en mi corazón. Dejamos San Rafael del Norte y regresamos a la Ciudad de la Niebla; esa fue la última vez que vi a nuestros queridos abuelitos y al padre Odorico.

17

Nuevos comienzos

En 1987, mamá nos ordenó a Francisca y a mí que nos preparáramos porque nos dirigíamos a la capital, Managua. Salimos de nuestro pueblo temprano por la mañana, cuando los niños comenzaban a correr hacia la escuela, y al llegar, nos dirigimos rápidamente a un lugar llamado La Embajada, donde, según mamá, obtendríamos los boletos para viajar. Las colas eran enormemente largas, y algunas personas salían llorando mientras que otras sonreían.

"Silencio, no digás ni una palabra; dejame hablar a mí", nos instruyó mamá, nerviosa.

Agarrada de la mano de mamá, Francisca parecía inusualmente ansiosa y se mantenía cerca de ella. Rezando para acercarnos a la ventanilla con un funcionario consular amable, mamá invocó a todos los santos posibles en ese momento.

"¡Siguiente!", llamó una oficial seria. Nos acercamos en silencio a su ventanilla.

"¿A dónde desean viajar?". Preguntó con cara seria y sin expresión.

"A los Estados Unidos de América", respondió mamá.

"¿Cuál es la razón?". Pregunto la oficial, mirando a mamá fijamente.

"Placer". Respondió mamá, devolviéndole la mirada.

"¿Con ambas niñas?", preguntó, mirando fijamente a mi hermana.

"Sí, les he prometido un viaje por sus buenas calificaciones", dijo mamá, nerviosa.

La mujer nos miró penetrantemente a mamá, a mi hermana y a mí, y comenzó a sellar nuestros pasaportes. Selló "APROBADO" en el de mamá, "APROBADO" en el mío y "DENEGADO" en el de mi hermana.

Mamá debió haber sentido que su útero se marchitaba nuevamente, tal como cuando falleció Amanda. Se sostuvo una mano en el vientre y luego preguntó a la implacable mujer: "¿Por qué la negás? ¡Soy su madre!". Pero mirándonos sin emoción, la mujer dijo: "Ahora tenés una razón válida para regresar".

En ese momento, mamá tuvo que tomar una decisión. Quedarse con ambas, arriesgarse a las amenazas del movimiento de mujeres para reclutarme o llevarme y volver por mi hermana. La decisión se aclaró cuando regresamos a casa y nos preparamos para viajar. Mis hermanas, mis dos hermanos y papá nos despidieron mientras las lágrimas parecían fluir sin fin. Apegada a mamá, Francisca se aferró a sus brazos, negándose a soltarla. Yo me aferré a papá, rogándole quedarme. La idea de dejar atrás a mi familia en manos de pesadillas impredecibles me rompió el corazón y destrozó lo que quedaba de mi paraíso en pedazos microscópicos.

Más tarde, al volver a montar a mi caballo, pude oír los ecos del viento y los susurros de las voces de muchas personas desconocidas. Era como un sueño, confuso, desorganizado y sin patrón. Sentí la sangre correr por mi cabeza como la primera vez que monté a Lucero a toda velocidad. De repente, despertada por una voz extraña, me di cuenta de que sólo había sido un sueño diurno.

"Por favor, tome asiento", indicó la azafata. "Es hora de abrocharse el cinturón; el avión está listo para despegar".

Sólo fue mi último sueño del viento, mi caballo y yo. Mamá y yo montamos un caballo de metal que se elevó en el cielo y nos llevó hacia lo que sería un nuevo paraíso. Y cuando alcanzamos las nubes, mi tierra y mis bosques se desvanecieron lentamente, dejando atrás todo lo que quedaba de mi familia. Sus lágrimas se evaporaron en el aire y su dolor se condensó en las nubes. Sabía que mi tierra pronto se inundaría nuevamente por la lluvia y más guerras. Mientras tanto, mi corazón volaba por encima de esas nubes, jurando no llorar nunca más.

La realidad que tenía ante mí era la de mamá, una mujer armada sólo con esperanza, fe y amor. Sentada junto a la ventanilla del avión, pensamientos sobre la incertidumbre de una nueva vida sin mi bosque, mis amigos salvajes y mi querida familia se filtraban por mi mente. Entonces, al buscar un pañuelo en mi bolsillo, sentí la nota que mi amigo Julio me había dado antes de partir. La saqué y recordé lo que dijo al entregármela.

"Por favor, no la abras hasta que te hayas ido", me pidió, mientras se sonrojaba ligeramente. "Cuéntame qué piensas cuando regreses".

Luego se alejó tímidamente. Sus palabras en ese entonces me confundieron, pues no sabía a qué se refería él. Guardé la nota en mi bolsillo y salí a encontrarme con mamá sin decir nada, ni siquiera adiós. De pie al lado de la carretera y saludando, se quedó allí todo el tiempo que pudimos vernos. Las lágrimas en su rostro causaron una extraña molestia en mi estómago. ¿Qué importancia tiene?, pensé. Es sólo otro viaje.

Sentada junto a la ventana, finalmente abrí la nota y me sentí avergonzada. Protegí la nota de los ojos de mamá y la leí rápidamente, observando su meticulosa caligrafía. Se me trabó la lengua y me quedé sin palabras. Agarré nerviosamente la mano de mamá y la apreté tan fuerte que ella pidió ayuda a la azafata. Es propio de la naturaleza humana seguir adelante de alguna manera. En el camino, el corazón continúa mientras una puerta se abre y otra se cierra. Extrañaba a papá y todas las aventuras que ya no podríamos compartir. Extrañaba las cosquillas de abuelo en mi cuello con su barba áspera. Incluso extrañaba los castigos de papá y sus rigurosos ejercicios para endurecerme. De repente, la conciencia de la enorme pérdida me golpeó como un calambre. ¿Qué había pasado con mi familia que antes era feliz? ¿Y mi inocencia infantil? Una pregunta tras otra llenaban mi cabeza. Apoyándome en los hombros de mamá, agotada, me quedé dormida recordando las últimas palabras que papá me había dicho. Me había abrazado mientras aconsejaba: "¡Aspira muy alto! Nunca temas y nunca olvides". Apunta alto. Nunca te rindas, no temas ni olvides. Sus palabras insistentes se grabaron en mi corazón y mi mente.

Mirando a mamá y prometiéndole en silencio que algún día cuidaría de ella, la besé y me relajé. Mamá y yo tendríamos que escalar una alta colina, pero yo sabía mejor que no debía rendirme ante los dueños de mi corazón: mi hermosa tierra y su gente. Era simplemente así como debía ser. Durante todo el vuelo, mamá rezaba como si intentara bloquear la realidad. Me preocupaba su falta de claridad, pero me llené de esperanzas por un boleto de ida y vuelta. Por más que intentaba parecer fuerte, lágrimas espontáneas se escapaban y en ese momento, pude sentir el dolor que ella experimentaba. Había dejado su tierra natal, a sus amados hijos y al amor de su vida.

Empatizando con ella, sintiendo el dolor de dejar a mis hermanos y amigos atrás, sólo podía imaginar el sacrificio incomprensible de dejar al hombre que amas, a tu pareja y al dueño de tu obstinado corazón. Notable es el amor de una madre para soportar tal sacrificio. Debido a su tolerancia incondicional hacia papá, era evidente que su corazón todavía le pertenecía.

Cuando finalmente aterrizamos en el aeropuerto de Los Ángeles, las interminables hileras de luces que veía a través de la ventana me recordaban que una nueva vida estaba por comenzar. Mamá tomó mi mano y me levantó del asiento. "Mi niña, es hora de irnos", anunció. Miré por la ventana una vez más. Los recuerdos de mi infancia se difuminaban rápidamente en las altas nubes.

"No digas adiós. Siempre estaremos ahí para nuestra familia, y ellos siempre estarán para nosotros. Aún no han muerto", dijo. Desde ese momento, el coraje y el profundo amor de mamá penetraron la parte más profunda de mi corazón. No sentía más que respeto por una mujer de tal carácter que sacrificó su vida y armó su espíritu sólo con las armas del amor y la esperanza. Mamá tomó una decisión dolorosa, dejando atrás a la mitad de sus hijos en un país que parecía haber sido olvidado por Dios y por el resto del mundo. Me pregunté si el próximo paraíso también se destrozaría. La verdad, sólo el futuro podría decirlo. "Ni siquiera las hojas de los árboles se mueven sin la voluntad de Dios", siempre decía mamá.

Tal vez volvería a cabalgar libre y los recuerdos de los jóvenes destrozados seguirían siendo sólo eso: recuerdos de un otrora paraíso, ahora destrozado. Tomadas de la mano, nos adentramos en una nueva jungla, con incontables luces, coches, personas y lugares. Una jungla desconocida que pronto exploraríamos con dignidad y orgullo, juntas como madre e hija libres.

Al salir del avión hacia el abrumador aeropuerto, montamos en el coche de un amigo que nos recogió y nos llevaría al día siguiente a ver a mi hermano Benjamín. Me froté los ojos de nuevo para despertar al día siguiente en la casa de otra persona. Ahora estábamos en uno de los países más prósperos del mundo, los Estados Unidos de América. Todo parecía lejano y abarrotado, y me sentía diminuta y sola. Ya no me levantaría para montar a Lucero por bosques caprichosos, despertar al canto del gallo y, lo que era peor, ya no podía hablar, porque todos los que me hablaban en la calle no entendían mi idioma. Al día siguiente, nos dirigimos a un lugar llamado DMV. Necesitaba obtener una tarjeta de identificación y tomarme una foto para asistir a la escuela y convertirme en una buena ciudadana. Mamá y el amigo de mi hermano luego nos llevaron a un edificio. Había largas filas, ventanillas con números y multitudes de personas, quizás la mitad de la población de donde venía.

"Treinta y siete…!", gritó una mujer desde detrás del mostrador. Pero nadie respondió. "Treinta y siete…!", insistió, y de nuevo nadie respondió. Entonces, el amigo de mi hermano tomó el número de mi mano y dijo: "¡Es a ti a quien está llamando!". Yo había esperado que alguien me llamara por mi nombre: Ileana. En vez de eso, yo era un número más, en un país tan grande donde mi identidad se escondería fácil.

18

Ventana al mundo

Han pasado más de veinticuatro años desde que dejé mi tierra natal. Y fue una mañana espléndida cuando todo volvió a mí, y la esperanza de la primavera se transformó en la gloria del verano. Esa mañana, con el movimiento lento de un perezoso de tres dedos, observé desde mi ventana el hermoso paisaje del sur de California que ahora es mi hogar. Era el último mes de la primavera, cuando las amapolas doradas florecían, y me sentí extremadamente feliz al apreciar su esplendor.

Sin embargo, ese día nada permaneció igual para mí. Lo cotidiano se transformó una vez más en una especie en peligro. Cada campanada del reloj marcaba un paso del tiempo que inquietaba. Y cómo deseaba retroceder los fragmentos del tiempo, recomponer el rompecabezas de nuestras vidas, devolver la vida a los muertos y convertir las penas de tantos en sonrisas inocentes y juegos de antaño. Ahora comprendo mejor y reconozco que la vida es invaluable y tiene sus razones para ser como es.

Nadie debería llorar en vida, ni siquiera más allá del más allá, porque la vida es verdaderamente un juego que espera nuestro desempeño con letras rítmicas y danzas de esperanza.

Nada permanece igual, pues hoy podemos encontrarnos en el abismo del mar y mañana en la cima más alta. Ya no soy aquella niña conflictiva; de algún modo he aprendido a adaptarme a cualquier forma como el agua, como alguna vez dijo Bruce Lee. Me integro fácilmente en la comodidad de mi número, el ritmo acelerado del tráfico y mis interminables tareas en casa y en el trabajo. Nadie podría detectar un atisbo de tristeza en mí, porque también he aprendido a sonreír ampliamente. Pero de vez en cuando, cuando salgo a las concurridas calles, el asfalto liso se transforma en adoquines irregulares, y mis ojos ven una línea de hormigas cortadoras de hojas apurándose cuesta arriba por un camino serpenteante. Y mientras me froto los ojos con las palmas de las manos para despertarme de mi nuevo ensueño, mi imaginación ha vuelto a tomar vuelo.

Las hormigas visten ropas y cargan pilas de papeles y maletines; sus patas tienen ruedas para seguir el rastro del dinero verde, algo que todas parecen desear. En la cima de la colina, en una encrucijada, aguardan los osos hormigueros, cubiertos con uniformes bien planchados;

vigilan con diligencia que las hormigas no rompan el código civil de patrones ininterrumpidos. Los osos hormigueros apartan a las hormigas si no se ajustan a las normas y las sancionan con grandes sumas del dinero verde que portan. Pero tras observar un rato, mis oídos vibran con el rugido de un viejo Corvette acelerando, que mi mente soñadora transforma en el bramido de un jaguar hambriento. No puedo despertar, y no quiero hacerlo. Quizás de alguna manera u otra regrese a esa tierra y visite la selva neblinosa, su fauna y flora, escuche las nuevas historias de los que quedan y reviva mi vida de muchas vidas. Pero quizás eso sea otra historia y otro día.

Recetas de mamá

Un regalo precioso e irreplacable....

Vigorón de mamá

Ingredientes:

2 libras de cortezas de cerdo
2 libras de yuca
1 libra de tomates
1-2 dientes de ajo
10 limas (al gusto)
1 col
4-6 zanahorias
Sal al gusto
Hojas de plátano

Instrucciones:

1　Compra cortezas de cerdo en la tienda o haz las tuyas propias cocinando trozos de cortezas de cerdo en una sartén grande. No añadas aceite; soltará su propia grasa lentamente. Cuando estén crujientes, colócalas en otra sartén sin aceite.

2　Pela y corta la yuca en trozos de aproximadamente 2-3 pulgadas. Añade ajo y sal. Hierve hasta que esté blanda.

3　Corta la col en tiras pequeñas y colócalas en un bol grande.

4　Pica los tomates maduros en cuadraditos pequeños-medianos y mézclalos con la col.

5   Pela y ralla las zanahorias, y añádelas a la mezcla de la col.
6   Corta las limas y exprime todo el jugo. Vierte el jugo en la ensalada y mézclalo bien.
7   Añade sal al gusto.
8   Deja que la col, los tomates y las zanahorias se empapen del jugo de lima durante unos minutos antes de servir.
9   Usa hojas de plátano en lugar de platos o para decoración.
10 Coloca la corteza de cerdo en el fondo del plato o de las hojas de plátano.
11 Añade la col, los tomates y las zanahorias encima de las cortezas de cerdo.
12 Añade trozos de yuca hervida.
13 Añade sal o jugo de lima al gusto.

Los Nacatamales de mamá

Primera masa
Aprox. 2 tazas de agua
(hasta la textura deseada)
5-6 tazas de masa de maíz
1 taza de manteca de cerdo
Sal al gusto
½ taza de zumo de naranja agria
4 tazas de caldo de pollo o Bourbollin en polvo
1-2 cucharaditas de ajo picado
Semillas de comino

Segunda masa
Aprox. 1 taza de agua (hasta la textura deseada)
3 tazas de masa de maíz
½ taza de manteca de cerdo
2 tazas de caldo de pollo o ternera
Zumo de naranja agria
½ cucharadita de ajo picado
Una pizca de Achiote
Hojas de menta

Relleno
¾ taza de arroz
2 tazas de papas troceadas
1 cebolla picada
Aceitunas rellenas
2 pimientos picados
2 tomates en rodajas
Pollo, ternera o cerdo sazonados

Envolver
Hojas de plátano
Cuerdas de plátano y nailon precortadas
Hojas de papel de aluminio

Sustituciones:
Semillas de Achiote-Anato o Pimentón
Manteca de cerdo-Aceite de oliva o vegetal
Masa tradicional-Harina de maíz o harina de maíz
comprada en la tienda

RIN DE APROXIMADAMENTE UNA DOCENA

Agradecimientos

Ningún logro,
pequeño o grande, se logra solo

Un especial agradecimiento a mi esposo y mejor amigo, Joseph, y a mis dos maravillosas bendiciones, Abigail y Andre; a mamá, papá, hermanos y hermanas: sin ustedes, nada importa. Los quiero. A mi gran amigo, editor y asesor, Francisco A. Lomelí, quien creyó en mi trabajo desde el principio, me orientó, apoyó, leyó, criticó y, finalmente, elevó mi obra a un nivel superior con honestidad y sin vacilar. Tal vez una vida entera no sea suficiente para mostrar mi gratitud. Un mundo de gracias a todos en New Trends Press; ustedes hicieron de la publicación una aventura gozosa. Por último, a ti, lector, gracias por darle un lugar a mi historia en tus estanterías. Me honras.

Más sobre la autora

"Mi mayor inspiración es vivir la vida al máximo, sin importar cuánto dure esa vida".

Ileana Araguti

S i conocieras a Ileana hoy, no escucharías hablar de su pasado desafiante, ya sea de su infancia o como inmigrante. Ella lo disimula con su risa contagiosa. Le encanta vivir la vida al máximo. Sus escritos buscan inspirar y concienciar.

Los primeros años de secundaria de Ileana fueron silenciosos. Se refugió en su "inexistencia", como ella lo describe, en uno de los colegios públicos más grandes de Los Ángeles, Belmont High. Al principio, le costó adaptarse a su nueva realidad, "su nueva jungla". Sin embargo, con el tiempo, dedicó la mayor parte de su tiempo a leer y se enamoró de la literatura. Más tarde, comenzó a escribir notas para expresar sus emociones y tratar de hacer lógica del trauma, sólo para desecharlas luego.

Su padre dejó de pagar la pensión a su madre al sentirse abandonado. Por ello, junto con su madre, soportó años de lucha y pobreza, como muchos inmigrantes en los Estados Unidos. Pero a pesar de todo, logró graduarse en la universidad y obtener una Licenciatura en Artes, dos Maestrías en Educación y Administración, y un Doctorado en Educación. Quizás al final, su corazón desafiante y ferviente nicaragüense, nunca acepto. Hoy en día, Ileana es educadora, escritora, esposa y madre de un hijo y una hija. Le encanta atender a su jardín, viajar con su familia y reside en el sur de California. Veintiún años después, Ileana regresó a visitar su país natal, Nicaragua. A su regreso, redescubrió un país completamente diferente al que había dejado. Fue entonces cuando decidió escribir para concienciar sobre los niños de la guerra, los vertederos y, en última instancia, sobre sus amados y desaparecidos bosques lluviosos y nublados.

Próximos trabajos

<u>Tan solo un pedal</u>, una novela (otoño de 2024)

Destinada, Una Memoria (Pronto)

Visite su Website: <u>www.ileanaaraguti.com</u>

www.ingramcontent.com/pod-product-compliance
Lightning Source LLC
Chambersburg PA
CBHW021715120626
46545CB00004B/1565